XUESHENG GUANLI ZHIDAO SHOUCE

学生管理
指导手册

程彬 何健勇 主编

化学工业出版社

·北京·

内 容 简 介

本书内容主要根据北京市商业学校多年来的学生管理实践经验编写，许多规定、办法和制度在近年学校管理中发挥了很大作用，具有鲜明的实用性；本书能够为学校学生教育管理制度的构建提供参考。

本书分为日常管理、服务指导、考核评价、安全管理、学生权益、公寓管理和学生组织七大部分，主要内容包括：学生学籍管理实施细则、学生礼仪规范、学生操行评分细则、学生安全教育管理规定、学生会管理办法、校园管理办法及学生宿舍管理规定。本书既是学校学生管理、教育工作的依据，也是学生学习生活的指南，有助于提高学生自我管理、自我服务、自我约束、自我防范和自我教育的能力，帮助同学们较好地适应职业学校的学习生活。

本书可作为中职学校制定完善学生教育管理办法的参考用书，也可作为中职学生自觉提高自我管理能力的学习教材。

图书在版编目（CIP）数据

学生管理指导手册/程彬，何健勇主编．—北京：化学工业出版社，2022.1（2024.11重印）
ISBN 978-7-122-40062-8

Ⅰ.①学… Ⅱ.①程…②何… Ⅲ.①中专生-学校管理-手册 Ⅳ.①G718.3-62

中国版本图书馆CIP数据核字（2021）第206177号

责任编辑：廉　静　王昕讲　　　　　　　装帧设计：王晓宇
责任校对：宋　夏

出版发行：化学工业出版社（北京市东城区青年湖南街13号　邮政编码100011）
印　　装：中煤（北京）印务有限公司
787mm×1092mm　1/16　印张12¼　字数240千字　2024年11月北京第1版第3次印刷

购书咨询：010-64518888　　　　　　　　　售后服务：010-64518899
网　　址：http://www.cip.com.cn
凡购买本书，如有缺损质量问题，本社销售中心负责调换。

定　价：38.00元　　　　　　　　　　　　　　　　　　版权所有　违者必究

本书编委会名单

主　任：程　彬　何健勇
副主任：王素芳　帖译帆　李　刚　陆　鑫
编　委：何　嘉　荆晓前　刘　欢　刘文涛　王　芊　刘　倩　张　腾
　　　　冯京波　赵显智　董　薇　陈　鑫　马清芬　车红霞　齐　雯
　　　　李金辉　谢秋行　胡一帆　杨慕茜　祁世哲　郝松山　岳小艳

摘 要

　　北京市商业学校深入贯彻党的教育方针,落实《国家职业教育改革实施方案》《职业教育提质培优行动计划》等文件精神,结合学校教育管理实际,对接企业社会用人需求,遵循学生成长规律,修订完善了一系列学生教育制度和工作流程,并汇编成册,使学校的德育与学生管理工作制度化,使德育与学生教育管理者工作有标准、操作有流程、疑惑有解答、实践有抓手,发挥了对学生的科学教育、热情关心、严格管理,具有指导、激励、约束作用,促进学生自觉地以职业规范要求自己,养成良好行为习惯,保证了学生快乐学习、健康成长、幸福生活。

前 言

　　习近平总书记对职业教育工作作出重要指示强调,"在全面建设社会主义现代化国家新征程中,职业教育前途广阔、大有可为"。为了加快构建现代职业教育体系,培养更多高素质技术技能人才、能工巧匠、大国工匠,《国家职业教育改革实施方案》提出要"落实好立德树人根本任务,健全德技并修、工学结合的育人机制,完善评价机制,规范人才培养全过程"。《职业教育提质培优行动计划》指出要让职业教育体系"更加完备、制度更加健全、标准更加完善、条件更加充足、评价更加科学"。习近平总书记重要讲话和一系列文件精神,为制定完善学生教育制度指明了工作方向,提供了根本依据。

　　北京市商业学校全面贯彻落实党的教育方针,始终坚持"追求卓越,和谐共生"的学校精神,坚持"成人、成才、成功,培养德能兼备现代职业人"的育人目标,坚持"科学教育,热情关心,严格管理"的教育原则,坚持"用欣赏眼光看学生优点,用发展眼光看学生不足"的学生观,"面向人人,尊重、关爱、服务于每一名学生健康发展",培养了一大批高素质技术技能人才,为首都经济社会发展和构建和谐社会首善之区做出了积极贡献。该校是国家首批中职改革发展示范校,北京市特色高水平职业院校,荣获全国职业院校学生管理 50 强和教学管理 50 强、全国德育先进集体、黄炎培职业教育优秀学校、全国五四红旗团委等 30 余项荣誉。

　　该校众多荣誉的取得和学生良好行为习惯的养成离不开严格的管理,离不开规章制度的落实和检查。我们结合学校教育管理实际,对接企业与社会用人需求,遵循学生成长规律,制定并完善了学生教育管理制度,包括日常管理、服务指导、考核评价、安全管理、学生权益、公寓管理、学生组织七个部分,促进学生自觉地以职业规范要求自己,养成良好行为习惯。

　　这本《学生管理指导手册》中的许多规定、办法,在北京市商业学校管理中发挥了很大作用,提高了管理效率,也可以为兄弟职业院校德育与学生管理工作提供有益借鉴和参考。我们会继续努力,依据国家和北京市的最新政策,不断修订和完善内容,更好地为学生服务,也希望同学们在遵守各项规章制度的同时提出各种建设性的意见。

　　最后,感谢北京市商业学校领导和各系部处室老师们的大力支持。

编者
2021 年 9 月

目录
CONTENTS

第一部分　日常管理 / 001

学生学籍管理办法 / 001
学生考勤管理办法 / 009
学生校园生活一日常规 / 013
学生证管理办法 / 016
走读学生管理办法 / 017
劳动实践课管理办法 / 020
劳动实践课内容、管理及要求 / 021
劳动实践课各岗位工作职责 / 022
学生使用手机等电子产品管理规定 / 027
学生新媒体使用管理办法 / 029
学生班车管理规定 / 031
学生个人车辆管理规定 / 033
校园场所使用管理规定 / 033

第二部分　服务指导 / 037

学生礼仪规范细则 / 037
学生申诉办法 / 045
学生家长委员会管理办法 / 047
学生心理健康教育实施细则 / 048
学生就医管理办法 / 051
学生用餐管理规定 / 053
学生收取快递管理办法 / 054

第三部分　考核评价 / 055

学生职业素养考核评价实施细则 / 055
班级十项百分赛检查评分细则 / 071
学生奖励实施办法 / 081
学生违纪处分条例 / 097

第四部分　安全管理 / 103

学生安全教育及管理规定 / 103
学生大型活动安全管理规定 / 105
学生工学交替实践教学安全管理规定 / 107
学生实习期间安全管理规定 / 108
学生重大疾病和传染性疾病管理办法 / 110
学生安全和突发事件应急处理办法 / 113

第五部分　学生权益 / 117

资助管理办法 / 117
中职国家奖学金评选实施细则 / 120
国家助学金管理实施细则 / 122
免学费实施细则 / 125
北京市政府奖学金评选实施细则 / 127
学生勤工助学管理办法（试行） / 129

第六部分　公寓管理 / 135

学生公寓管理规定 / 135
学生公寓安全管理规定 / 137

学生公寓考核评比实施细则 / 139
学生公寓 8S 管理检查评分细则 / 140
学生公寓公共财产管理规定 / 144
学生公寓手机充电管理规定 / 145
长期留宿学生管理办法 / 146
临时留宿学生管理办法 / 148
学生公寓公共场所管理规定 / 149

第七部分　学生组织 / 153

学生会章程 / 153
青年马克思主义者学校章程 / 159
学生业余团校管理办法 / 164
学生社团管理办法 / 167
学生团支部工作条例 / 171
推优入党实施办法 / 177
共青团评优评先实施办法 / 181

第一部分 日常管理

学生学籍管理办法

第一节 总则

第一条 为加强学生学籍管理,保证正常教育教学秩序,维护学生合法权益,根据有关法律法规和《教育部关于印发〈中等职业学校学生学籍管理办法〉的通知》(教职成〔2010〕7号)、《北京市教育委员会关于印发＜北京市中等职业学校学生学籍管理办法＞的通知》(京教职成〔2020〕7号)等文件,结合本校实际,制定本办法。

第二条 本办法适用于我校所有全日制学历教育学生,包括普通中等职业教育学生、成人中专学生、中高职衔接(3+2)的中等职业教育阶段学生、中高本贯通培养(3+4)的中等职业教育阶段学生。

第三条 学校本着以学生为本的原则,加强学生学籍管理,建立健全学籍管理相关制度,落实管理责任,保障基本工作条件,切实做好学籍管理和相关工作。

第四条 学生学籍管理实行国家、所属市、区教育行政部门(学校上级主管部门)和学校分级管理,市教育行政部门行使统筹管理职能。以全国、市教委、学校三级"学生管理信息系统"为平台,全面实施学生学籍信息化管理。

第二节 入学与注册

第五条 学校实施全日制学历教育,主要招收初中毕业生。学校应按照市教委行政部门有关招生政策规定录取新生,发放录取通知书。

第六条 新生需持录取通知书及本人身份证或户籍簿等有关证件,按照学校规定时间到校报到,办理入学手续。因特殊情况,不能如期报到,应当持有关证明向学校提出书面申请。如在学校规定期限内不到学校办理相关手续,视为放弃入学资格。

中高职衔接、中高本贯通培养的中职段新生录取名册报市教育行政部门备案、注册中等职业学校学籍,同时将录取名册报对口培养高校备案。

第七条 新生入学后,学校应在三个月内按照相关规定对新生入学条件进行审查,审查合格者,即办理注册手续,取得正式学籍,报北京市教育委员会备案。

第八条 学校应当从学生入学之日起建立学生学籍档案,学生学籍档案内容包括:

1. 基本信息(中考志愿报名表、体格检查表);
2. 思想品德评价材料;
3. 公共基础课程和专业技能课程成绩;
4. 享受国家助学金和学费减免的信息;
5. 在校期间的奖惩材料(市级以上);
6. 毕业生信息登记表(内容必须完整、符合要求)。

学籍档案由专人管理,学生离校时,由学校归档保存或移交相关部门。

第九条 学生入学后,经复查不符合新生入学条件者应注销其学籍,并在中等职业学校学生信息管理系统中注明,按隶属关系报主管教育行政部门,逐级审核后上报至市教育行政部门。

第十条 在新生健康复查中,如发现患有疾病,不能坚持学习或影响他人健康的,经二级甲等以上医疗单位诊断,在短期内可以治愈者,由学校批准,回家治疗,保留入学资格一年。治疗期间,不享受在校生待遇。下学年开学前,经二级甲等以上医疗单位诊断和学校复查可以入学者,应重新办理入学手续。复查仍不合格和逾期不办理入学手续者,取消入学资格。

第十一条 新生电子注册截止日期为当年10月31日。学校应当将取得学籍的新生基本信息,各年级学生学籍异动情况(包括转入、转出、留级、休学、退学、注销、复学等)及时录入北京和全国中等职业学校学生管理信息系统,并按隶属关系报主管教育行政部门，逐级审核后上报至市教育行政部门。

第十二条　每学期开学时，学生应按规定日期到学校办理注册手续。因故不能如期注册者，必须履行请假手续，否则以旷课论。未经请假，逾期两周不注册者，按自动退学处理（班主任必须告知学生及家长；若无法取得联系的，学校将在官网上进行公示）。

第十三条　外籍人员进入我校就读，应按照北京市教育委员会《关于外国学生就读北京市幼儿园、普通中小学、中等职业学校的意见》办理就读手续。港澳台地区的学生按照北京市有关政策办理就读手续。

第十四条　我校与外省通过对口支援与合作招收的学生，须符合国家和北京市招生政策，按照相关规定注册学籍，不得重复注册学籍。学校不得以虚假学生信息注册学生学籍，不得同时或者交叉注册普通高中学校和中等职业学校"双重学籍"。

第三节　学习形式与修业年限

第十五条　学校实施全日制学历教育，主要招收初中毕业生，基本学制以3年为主。

第十六条　学校实行弹性学分制，允许学生在基本学制的基础上提前或推迟毕业，提前毕业一般不超过1年，推迟毕业一般不超过2年。

第四节　学籍异动与信息变更

第十七条　学生发生转学、转专业、留级、休学、复学、退学及注销学籍等情况（办理流程详见附件1-7），均应作为学籍异动并记录相关信息。学校应在每学期内，将学生的学籍异动情况及时报所属教育行政部门备案，并在北京和全国中等职业学校学生管理信息系统内做相应的学籍异动变更。

第十八条　学生因户籍迁移、家庭搬迁、留级后或复学时学校无后继班级等正当理由可以申请转学。转学程序为：

1. 由学生及其监护人提出申请，转出学校审核同意；
2. 学生及其监护人再向转入学校提出转学申请，转入学校审核同意；
3. 双方学校报各自主管部门备案。市内转学的由转入学校办理转学手续并报教育行政部门备案；跨省份转学的，由转入、转出学校分别报所在省级教育行政主管部门备案。

我校可以接受其他同类型、同层次学校的学生转学，转学程序和课程成绩

（学分）的认定按相关规定执行。

普通高中学生可以转入我校，但不得转入毕业年级，且在我校的学习时间不得少于一年半。

中高职衔接、中高本贯通培养中职段学生原则上不得转学或转专业。学生不得通过转学进入此类项目，且项目之间和项目内部不得转学或转专业。学生如因个人原因提出转学或转专业，视为自动放弃此类项目培养资格。

第十九条 有下列情况之一，经学校批准，可以转专业（中高职衔接、中高本贯通培养学生除外）：

1. 学生确有某一方面特长或兴趣爱好，转专业后有利于学生就业或长远发展；

2. 学生有某一方面生理缺陷或患有某种疾病，经二级甲等以上医疗单位证明，不宜在原专业学习，可以转入本校其他专业学习；

3. 学生留级或休学，复学时原专业已停止招生。

已经享受免学费政策的相关专业学生原则上不得转入其他专业，特殊情况应当经市级教育行政部门批准。

转专业原则上在一年级第一学期结束前办理。毕业年级学生不予转专业。

第二十条 学生转学或转专业应在每学期开学前办理。在中等职业学校学习未满一学期的，不予转学；毕业年级学生不予转学；休学期间不予转学。

第二十一条 有下列情况之一，由学生本人和监护人提出申请，经学校审核同意，可准予休学。

1. 学生因病或其他特殊困难不能坚持学习，缺课超过一个学期的三分之一以上；学生因病需要申请休学，应持本市二级甲等及以上医院病情诊断证明；

2. 学生依法服义务兵役，休学期限与其服义务兵役期限相当；

3. 学生在校期间申请出国、出境者，缺课超过一个学期的三分之一以上。

学生休学以学期为单位，休学起讫日期根据学生提出申请时间，由学校认定，休学累计不得超过两年。学生休学须分别报所属教育行政部门备案。

学生休学期间，不享受在校学生待遇。学校和学生监护人应签订协议，明确学生管理由监护人负责，对学生离校期间的管理进行约定。

第二十二条 学生休学期满，应于当前学期开学前两周内申请复学，经学校审核同意，分别报教育行政部门备案。学生复学申请经学校审核同意后，原则上随原专业后续班级学习，所学专业如无后续班级，可安排到其他适当专业就读。

因病休学的学生在复学时，必须持二级甲等及以上医院的健康证明，经学校复查，确能坚持学习者，学校应当为学生办理复学手续。

第二十三条 学生退学应由学生本人和监护人提出书面申请，经学校批准，可以办理退学手续。

学生有下列情形之一，应做退学处理，并通知学生及其监护人或有关单位。如无法通知其监护人或有关单位，可进行公示，公示期满（5个工作日）仍不来办理有关手续的，视为自动退学：

1. 连续休学两年，仍不能复学；
2. 一学期旷课累计达 90 学时以上；
3. 擅自离校连续两周以上；
4. 休学期满无特殊情况两周内未办理复学手续。

学生应在规定时间内办理退学手续；逾期不办理退学手续者，视作自动退学。学生退学后，学校应当及时上报所属教育行政部门备案。

第二十四条 学生非正常死亡，学校应当及时逐级上报至省教育行政部门备案。对死亡、失踪的学生，学校应在规定时间内上报主管教育行政部门，按照有关部门出示的证明材料，注销其学籍。

第二十五条 已注册学生（含注册毕业学生）各项信息修改属于信息变更，主要包括学生姓名、出生日期、家庭住址、身份证号码、户口性质等。对信息变更，应由学生本人或监护人提供合法身份证明等相关资料，学校通过北京和全国中等职业学校学生管理信息系统进行信息变更操作，上传证明材料。

第二十六条 学生在同一学年内，经补考后仍不及格的课程累计门数达到该学年所学课程总门数三分之一及以上者，应予留级。学生留级原则上随本专业下一个年级学习；留级学生所学专业如无后续班级，可安排到其他适当专业就读。留级的学生在延长学习期限内仍应向学校交纳学杂费及其他相关费用。

第五节 成绩考核

第二十七条 成绩考核包括学业与操行两个方面。学业方面，按照学校专业人才培养方案的规定及学生选修情况，考核学生的学习成绩；操行方面，通过平时对学生的思想品德、组织纪律、行为规范等方面的考核进行综合评定。考核成绩应及时记入学生本人学籍档案。

第二十八条 学生学业成绩的考核可分为考试、考查两种。学校按照国家、市或行业有关标准和技能要求组织考试、考查。考试、考查结果是学生升留级或取得学分的依据。

第二十九条 体育与健康课为必修课，不合格者应重修或补考。对不同体质的学生应有不同的要求，因患有某些疾病或有生理缺陷，上体育课确有困难者，需提供二级以上医院证明材料，体育任课老师记录备案，可调整或减少考查项目或免考。

第三十条 学生所学课程考试、考查不合格，学校应提供补考机会。补考次数和时间由学校确定。

第三十一条 学生操行评定应以中等职业学校德育大纲和学生守则、行为规范要求为主要依据，操行评定每学期或每学年进行一次，采用写实性评语形式，毕业时进行全面鉴定。参与职业素养护照试点工作的学校，依据职业素养积分进行操行鉴定。

　　第三十二条　学生因故不能参加考试时，必须经学校批准，凡擅自缺考或考试作弊者（包括协同作弊）该课程成绩以零分计，不准参加正常补考。如确有悔改表现，经本人申请，学校批准，可进行补考。考试作弊者，应视情节给予相应纪律处分。

第六节　奖励与处分

　　第三十三条　学生应严格遵守国家的法律、法规和学校的各种规章制度。学生不得有吸烟、喝酒、赌博、打架斗殴或其他违法违纪行为，如有违反者，视情节轻重，给予批评教育和相应处分。

　　第三十四条　学校建立和完善考勤制度，学生上课、课间操、自习、顶岗实习、工学交替、社会实践和参加学校组织的集体活动等均应进行考勤记录。因故不能参加者必须请假。凡未请假或请假超期未返校者，均以旷课计算。学生课间操、早读、上课迟到或早退2次，按旷课一节计算；一节课内迟到或早退10分钟以上，按旷课一节计算；缺勤一天，按缺8学时计算。对旷课学生应责令其检查，并根据其旷课的时数、情节和态度进行批评教育、纪律处分或退学。

　　第三十五条　学生在德、智、体、美、劳等方面表现突出，应当予以表彰和奖励。对学生的表彰和奖励应当予以公示。

　　学生奖励分为全国、市、区、行业、学校等层次，奖项包括单项奖和综合奖。具体办法见学校相关规定。

　　第三十六条　学校对于有不良行为的学生，可以视其情节和态度分别给予警告、严重警告、记过、留校察看、开除学籍等处分。

　　学校做出开除学籍决定，应当报教育主管部门核准。

　　受警告、严重警告、记过、留校察看处分的学生，经过一段时间的教育，能深刻认识错误、确有改正进步的，应当撤销其处分。

　　对有严重不良行为且不适合在中等职业学校读书的学生，可以按照有关规定将其送专门学校继续接受教育。在专门学校表现好的学生可申请转回原学校或转入其他学校学习，原学校应准予其转入，其他学校可以根据有关规定接收其转入。

　　第三十七条　学生受到校级及以上奖励或处分，须经学校研究决定，在校园网进行公示，并及时通知学生及其监护人。学生对学校做出的处分决定有异议的，可以按照有关规定提出申诉。

学校依法建立学生申诉的程序与机构，受理并处理学生对处分不服提出的申诉。

学生对学校做出的申诉复查决定不服的，可以在收到复查决定之日起 15 个工作日内，向教育主管部门提出书面申诉。

第三十八条　对学生的奖励、记过及以上处分有关资料应当存入学生学籍档案。对学生的处分撤销后，学校应当将原处分决定和有关资料从学生个人学籍档案中移出。

第三十九条　有下列情况之一的学生，可酌情给予开除学籍的处分：

1. 反对党的基本路线，组织煽动闹事，扰乱公共秩序，妨害公共安全，破坏民族团结和社会安定稳定，散布不良舆论，造成重大社会不良影响，具有社会危害性；
2. 触犯国家法律，构成刑事犯罪；
3. 纠集他人结伙滋事，扰乱治安；
4. 携带管制刀具，屡教不改；
5. 多次拦截殴打他人、校园欺凌、强行索要他人财物或变相强行索要他人财物，情节严重者；
6. 传播淫秽的读物或者音像制品，进行淫乱或者色情、卖淫活动；
7. 多次偷窃国家、集体、个人财产，故意毁坏公共财产造成严重损失或危害；
8. 参与赌博、屡教不改；
9. 吸食、贩卖、藏运毒品；
10. 一学期旷课累计 90 学时以上；
11. 严重违反校规校纪，造成严重后果和其他危害社会的行为。

第四十条　对犯错误的学生，要热情帮助，严格要求。对认错好并有悔改或立功表现的可酌情减轻处分。对已受处分的学生，再犯错误应加重处分。对犯错误学生处理时要持慎重态度，坚持调查研究、实事求是，处理结论要送达本人，允许本人申诉、申辩和保留意见。对本人的申诉，学校有责任进行复查。

第七节　毕业与结业

第四十一条　学生达到以下要求，准予毕业：

1. 思想品德评价合格；
2. 修满教学计划规定的全部课程且成绩合格，或修满规定学分；
3. 顶岗实习或工学交替实习鉴定合格；
4. 中高职衔接、中高本贯通培养中职段学生中途退出者，若已完成中职阶段学业且经考核成绩合格者,可由所在学校颁发相关专业中职毕业证书,毕业后学生不再具有该项目的培养资格。

第四十二条 市教育行政部门对毕业证书统一编号、统一水印、统一格式,一生一证,由学校统一领取颁发。毕业证书即为国家承认的具有法律效力的学历证明,市教委不再另行开具学历证明。

第四十三条 对于在校学习期间,达不到毕业资格的学生,由学校发给结业证书,可在结业后3年内向学校申请补考或补修学分,取得毕业资格后,换发毕业证书。毕业时间自换发毕业证书时算起。逾期不补考或补考不及格,以后不再换发毕业证书。

第四十四条 对未完成学校专业人才培养方案规定的课程而中途退学的学生,学校应发给学生写实性学习证明。

第四十五条 毕业证书遗失后不再补发,由学校颁发北京市教育委员会统一印制的学历证明书。学历证明书与毕业证书具有同等效力。

第八节 附 则

第四十六条 学校当运用北京市中等职业学校学生信息管理系统,及时准确填报、更新学生学籍信息。

第四十七条 制度的起草与归口管理通过学校研究决定,在校园网公示。

本管理办法由学生处负责起草,报教职工代表大会批准后正式下达,学生处归口管理。

第四十八条 制度的修订

本管理办法根据需要不定期进行修订。学校相关部门均有权根据业务需要对本管理办法内容提出修改意见,并提交学生处。学生处负责收集整理相关部门提出的修改意见,安排有关人员进行专题讨论,对修改信息进行全面评估后组织修订本管理办法及相关文件。

第四十九条 本管理办法由学生处负责解释。

第五十条 本管理办法自发布之日起实施,原管理办法同时废止。

附件1-学生转学流程

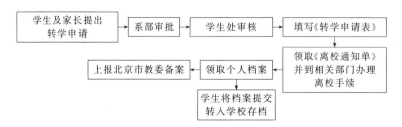

附件 2-学生转专业流程

附件 3-学生休学流程

附件 4-学生复学流程

附件 5-学生退学流程

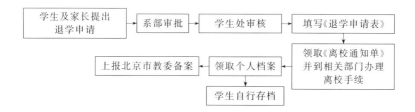

附件 6-学生信息变更流程

学生及家长提出学生信息变更申请 → 系部审批 → 学生处审核 → 填写《北京市普通中专学校学生信息变更申请表》 → 学生处调整学籍并向北京市教委备案

附件 7-学生留级流程

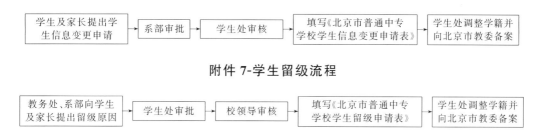

学生考勤管理办法

为进一步加强学生考勤管理，创建优良校风、学风，根据《中职学生行为规范》《北京市商业学校学生学籍管理办法》和《学生违纪处分条例》有关条款为依据，特制定本管理办法。

本办法适用于北京市商业学校所有在校生。

一、考勤管理

(一)考勤检查

1. 考勤工作以班为单位,在任课教师、考勤员、班长的协助下,由班主任负责。
2. 自习及其他活动考勤由考勤员、班长负责填写,并交班主任签字。每天班主任将班级考勤表签字后交到系部,由系部汇总后备案。
3. 各系部必须随时掌握学生考勤情况,若遇到特殊问题及时上报学生处。
4. 系部每周将对班级考勤进行审查、汇总后将考勤情况交至学生处存档。

(二)考勤范围

1. 学生在校期间返校、上课、升旗仪式、晨读、晚自习及就寝等;
2. 顶岗实习、工学交替、社会实践、军训、劳动实践课等;
3. 学校组织的各类集体活动。

(三)考勤要求

1. 学生在校期间(返校、上课、升旗仪式、晨读、晚自习及就寝等)的考勤

学生在校期间,严格遵守作息时间,不得迟到、早退、旷课,如需离校(含病、事假),必须经系部批准,方可离校。若擅自离校,或超过准假期限,一律以旷课论处。

走读学生每天须在升旗前十分钟到校,不得迟到、早退,若因事提前离校,必须经系部批准。

2. 返校考勤

学生在学校规定时间到班签到,考勤员必须认真审核,严禁代签。迟到签到,个人操行评分减1分,不到班签到减2分,无故不到校减6分。各班考勤员记录核实考勤后,于规定时间向当天负责汇总记录的系部干部上交考勤表并说明班级未到情况及原因。干部汇总考勤表后,向值班老师报告,晚19:00再次进行考勤检查,并上报系部值班老师,值班老师通知各班班主任逐一确认。学生因病因事无法到校,须由家长手写请假条,拍照发给班主任,班主任通知系部值班教师。

3. 顶岗实习、工学交替、社会实践、军训、劳动实践课及各类集体活动的考勤按照学校、企业、单位等相关部门的考勤制度要求,严格检查学生的考勤情况。

二、请假

(一)公假

须由相关负责部门出具请假条,负责教师及主管校领导签字后交由系部。

(二)病假

1. 校内病假。学生在校期间生病,须持校医务室开具的诊断书,由班主任或系部值班老师签字确认,登记考勤后,方可回宿舍休息。

如需校外就医,学生持校医开具的"校外就医"诊断书,到系部开具"学生出入校园批条",同时班主任或值班老师与其家长取得联系,告知学生情况,方可允许学生出校门。学生到家后必须告知班主任。

2. 校外病假。学生在家得病,不能按时返校,应由学生家长亲自请假,并出示正规医院的诊断证明和假条,班主任确认后方可准假,并报系部备案。

(三)事假

1. 校内事假。在校学生因事需出校应办理请假手续,班主任必须亲自与其家长沟通情况,家长认可学生请假事宜后,班主任审批并报系部批准,方可开具"学生出入校园批条"并在系部做好登记。

上课时间原则上一律不准请事假。

2. 校外事假。学生在家因事请假,须学生家长亲自向班主任请假,并手写请假条,写明请假原因,家长签字后将假条交至班主任办理请假手续,确因急事来不及办理请假手续者,须在当天将家长手写并签字的请假条拍照片发至班主任,班主任确认后上报系部,方可准假。

(四)请假审批权限

请假一天以内由班主任批准;一天以上三天以内由系部学生管理副主任审批;三天以上须经副主任签署意见后报学生处审批。

三、销假

(一)因公销假

学生完成公事后,按规定时间持请假条到系办销假。

(二)病假销假

学生病假期满,须持正规医院挂号条、病历本、取药收据、诊断证明到系部销假。学生如患传染性或流行性疾病，须持正规医院证明，由校医务室确认可以复课，并到系部签字销假。

(三) 事假销假

学生必须按照班主任、系部主任批准的时间内返校，返校后第一时间须持家长手写请假条，交至系部办理销假手续。

四、请销假流程（详见附件8）

1. 学生本人提出病、事假申请。
2. 班主任审核学生请假事由是否真实后报系部批准。学生在校突发疾病，由校医务室开具诊断书，班主任联系家长或监护人，并上报系部。学生在校外请假，需家长或监护人提前与班主任联系，提出申请，班主任审核并上报系部。
3. 学生准假后，班主任对学生进行安全教育，登记并留存本人电话和家长电话；签署《学生出入校园批条》。
4. 班主任在准假后第一时间告知请假学生家长，让学生家长掌控学生回家时间。
5. 学生到家后必须告知班主任，确认安全到达。
6. 学生返校后第一时间告知班主任，并到系部凭假条销假。
7. 请病假学生返校时，必须持有正规医院开具的诊断证明方可销假；请事假返校的学生必须持有其家长手写的请假条，班主任与家长核实后方可销假。

五、考勤考核

（一）学生旷课违纪行为，对旷课的学生，按以下原则处理（学时数以一学期计）：

1. 旷课8学时者，给予警告处分；
2. 旷课9～24学时者，视情节给予严重警告处分；
3. 旷课25～40学时者，视情节给予记过处分；
4. 旷课41～89学时者，视情节给予留校察看处分；
5. 旷课累计达90学时以上者，给予开除学籍处分。

（二）一学期中，请假学时（病假、事假）超过学期三分之一者，视为自动休学。

本办法自发布之日起实施。

本办法实施后，原有《学生考勤管理办法》废止，与之有抵触的规定一律以本办法为准。

本办法由北京市商业学校学生处负责解释。

附件 8-请销假流程

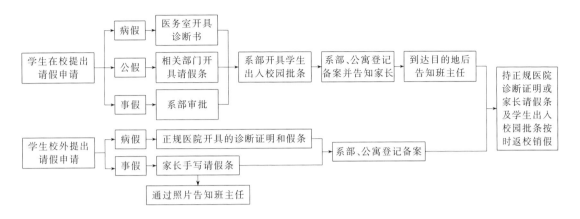

学生校园生活一日常规

为保障学校正常的教学秩序,树立良好的校风、学风,加强学生管理,帮助学生健康成长,遵照《中华人民共和国职业教育法》和《中职学生行为规范》,特制定校园生活一日常规。

一、作息时间

学生在校期间作息时间由校长办公会研究制定(可根据学校工作安排做调整)。

(一)早晨

起床:　　　　6:30
宿舍值日:　　6:40—7:00
早餐:　　　　7:00
升旗仪式:　　7:35—7:50
晨训礼训:　　7:55—8:15

(二)上午

第1节:　　　8:30—9:10
第2节:　　　9:20—10:00

第3、4节：
贯通班：　　　　10：10—11：20
　　　　　　　　11：25下课，午餐，课间不休息
3＋2及中专班：　第3节　10：10—10：50
　　　　　　　　第4节　11：00—11：40
　　　　　　　　11：40下课，午餐

(三)下午

贯通班：　　　　第5节　13：00—13：40
　　　　　　　　第6节　13：50—14：30
　　　　　　　　第7、8节　14：40—16：00
　　　　　　　　户外活动　16：10—17：10
3＋2及中专班：　第5节　13：00—13：40
　　　　　　　　第6节　13：50—14：30
　　　　　　　　第7节　14：40—15：20
　　　　　　　　户外活动　15：30—16：30

(四)晚上

晚餐：　　　　17：10—18：50
晚自习：　　　19：00—21：00
熄灯：　　　　22：00

二、作息要求

1. 清晨6：30，住宿学生起床、洗漱、整理内务；检查仪容仪表，穿校服、戴胸卡，共青团员佩戴团徽；发型符合标准，不化妆，不戴饰物。各公寓楼、教学楼6：30开门，公寓7：20静楼。

2. 6：40—7：00，学生打扫宿舍卫生，开窗、擦地、擦净桌椅柜、整理床褥及室内物品等；教室内按照班级8S规定打扫卫生；校园责任区做到扫地、擦净等。

早餐7：00，学生吃早餐，不把食品带进教学楼、实训楼。

走读学生7：30前到校，进校时主动出示"走读出入证"，骑车的学生必须下车，把车存放到指定地点，锁好车。

升旗仪式7：35—7：50，，升旗时全体学生按标准站姿立正站好，认真聆听国旗下讲话。

晨训礼训7：55—8：15。按照学校要求，进行晨训礼训，练习站姿或坐姿，认真诵读《晨读时光》等，班长负责检查考勤。劳动实践课学生提前做好各项准备，按时上岗。

上课期间学生必须严格遵守学校课堂纪律规定，按时上课，班长做好考勤。

户外活动时间：3＋2及中专班15：30—16：30，贯通班16：10—17：10，各班级整队做到快、静、齐，做操、跑操时听从口令，动作认真、准确、整齐，户外活动结束后有序退出场地。

就餐时，学生有序进入食堂。买饭要自觉排队，在窗口排单行，按顺序买饭，不插队、不拥挤、不喊叫、不敲餐具；就餐文明，不打闹、不合用餐具、不浪费粮食；用餐结束自觉将餐具送到收残台；讲究卫生，不乱丢垃圾。

3＋2及中专班第七节课上课内容。星期一、三按各系部的要求进行专业技能训练，星期二、四按学校要求进行素养训练和选修课学习。

户外活动后学生参加学校、系部、班级组织的各种活动，要求集合迅速，遵守纪律，态度认真，不做无关事情。

晚餐17：10—18：50。按时吃晚饭，注意健康饮食。

晚自习19：00—21：00。学生按时上晚自习，认真观看新闻联播，按系部或班级要求进行专项活动，练习专业技能、做作业、复习功课、阅读书籍刊物等；晚自习要自觉遵守课堂纪律，不迟到、不早退、不旷课；晚自习期间不得随便出入教室，班主任安排好每日班委值班，系部值班老师加强监督检查。

21：00晚自习后，各个班级指定专人负责关灯、断电，关好窗，锁好门，及时回公寓。各教学楼21：30静楼。

住宿学生严格执行学生公寓管理制度，在规定时间内进学生宿舍，宿舍长点名、签到，报公寓办公室核实、检查；21：30—21：50晚间洗漱，在熄灯铃响前洗漱完毕，准备就寝。

学生公寓22：00熄灯。熄灯铃响后应迅速就寝，杜绝出现影响同学休息的行为。

三、学生一日行为规范

1. 学生要语言文明，讲究礼貌，见到老师主动问好，进入老师办公室前喊"报告"，经允许后方可进入。在校园、楼道遇到老师主动让路，遇到学校领导陪同来宾参观时热情问好。

2. 课前每位学生应按要求将作业上交课代表，课代表收齐后及时交到老师办公室。

3. 上课预备铃响后，学生应立即进入教室坐好，将学习用品码放整齐，准备上课。课堂上学习认真刻苦，思维敏捷，主动提问。

4. 全体学生严格遵守手机管理的相关规定。

5. 课间休息，在教室、楼道里慢步轻声，不追跑打闹，不大声喧哗，不随便进入其他教学楼和其他班级教室；上下楼梯和楼内走路靠右礼让行走，严禁拥挤；不在楼道、教学区玩球。

6. 学生在校上课期间，包括课间休息，不得随意出校门，如有特殊情况，须持有班主任或本系部主任签字的统一书面证明，方可离开学校，要严格遵守请假、销假制度。

7. 学生上课期间生病，须持就医证明到校医务室看病，持医务室证明，系部主任签字，住宿学生可回宿舍休息；走读学生可持出门条回家休息。

8. 午休时间，必须保持教室、楼道、宿舍安静，学生可在校园内活动。走读学生中午在教室休息，禁止进入学生公寓。

9. 上午、下午及晚自习课后，班级做好教室卫生值日，扫除工具放在指定地点；不随便扔垃圾废弃物，更不得向窗外抛洒废弃物品，要养成良好卫生习惯，全天保洁；自觉维护校园环境及公用设施，爱护公物，不在教室、桌椅、墙壁、地面上乱涂乱画和粘贴，不随地吐痰，要厉行节约，损坏公物照价赔偿。

10. 课下活动时间，不约外校学生、社会闲散人员进校，不干扰校内秩序；严禁带外人在校门口或校内滋事；不打架、不骂人，不参与赌博和封建迷信活动，自觉抵制不正之风。

11. 下午放学后，走读学生按时离校，出校门请主动出示"走读出入证"，学生直接回家，注意交通安全。住宿学生外出必须请假，须持有值班老师和本系部主任签字的统一书面证明，方可出入学校，假条交门卫保安，务必按规定时间返回学校，并到系部销假。

12. 注意饮食卫生，不吃校外无照摊点食品，不订外卖，预防食物中毒及饮食疾病发生。

13. 全体学生应尊重老师及学生干部，服从管理，正确对待批评教育。

14. 学生如有违纪行为依据相关规定予以处理。

学生证管理办法

（一）学生要爱惜学生证，注意保管好学生证，减少污损，避免丢失。

（二）学生证及火车票优惠卡的发放

1. 新生报到并取得学籍后，以系部为单位，按学校的具体要求到学生处领取学生证。

2. 学生证的办理必须张贴学生本人照片、注明发放时间、有效期限、班级、姓名、专业等相关信息，并加盖学校钢印及注册章。

3. 学校为有需要的外埠新生统一粘贴火车票优惠卡（贴在学生证的指定位置）。火车票优惠卡仅供学生寒暑假回家探亲时购买火车票使用。学生证上"乘车区间"一栏内，应填写距离家庭所在地最近的火车站名，填写后不得随意涂改。

（三）学生证只限本人使用，不得转借他人，不得私自涂改，每个学生只有一个学生证。如有弄虚作假、冒领或伪造学生证等违反规定者，视情节轻重和本人态度予以纪律处分。

（四）学生证补办、换发

1. 学生证因保管不善而丢失、损坏或者因发生学籍变动需及时在规定时间内到学生处进行补办或更换。学生处集中办理补（换）发学生证手续时间为每个月的第一周，其它时间不予办理。

2. 学生到系部领取并填写《北京市商业学校学生补办（换发）申请表》，由班主任、系部审批后，携带此表及本人近期一寸免冠证件照一张，到学生处公室办理。换证时，须把旧学生证交回学生处。

3. 学生在校期间，学生证只补办或换发一次。如学生多次丢失或损坏学生证，原则上不予以补办。

4. 补办后又找到原学生证的，应退还新证。

（五）学生毕业、退学、转学在办理离校手续时，学生证一律交回。

（六）除新生办理学生证时由学校统一注册以外，其它各年级的学生，在每学期开学后必须在学校规定的时间内到学生处办理注册，如逾期不注册，学生证视为无效。

走读学生管理办法

我校属于全日制寄宿学校，实行集中学习与管理，原则上要求所有在校学生按规定住校。因特殊情况确需走读的学生，必须办理相关手续，经学校审核批准，方可走读。为加强走读学生管理，保障学校正常的教育教学和生活秩序，本着对学生负责、对家长负责的原则，切实保障学生在校外的人身、财产和交通安全，根据教育部、北京市教委及学校学生管理相关规定，结合我校实际，特制定本办法。

一、学生申请走读的条件

(一)申请长期走读条件

1. 患有严重疾病（含传染性疾病、身心疾病等），不能正常住校生活或对宿舍其他成员身体健康产生影响的，须提供三级甲等以上医院的医学诊断证明。

2. 由于身体缺陷原因，生活不能自理。

3. 家庭住址离学校路途较近，交通便利，乘交通工具路程时间不超过 45 分钟，且在走读期间能正常上课。

4. 其他特殊原因。

(二)申请临时走读条件

1. 短期内因病需要调养或正处于治疗恢复阶段的，办理时须提供正规医院的医学诊断证明、病例或有关处方等。

2. 学生因特殊疾病需家长陪护，且不方便在寝室正常生活的，办理时须提供正规医院的医学诊断证明。

3. 需临时走读的其他原因。

二、学生走读审批程序

（一）学生本人及学生家长向班主任提出走读申请的，须提供以下材料：

1. 学生本人和家长亲笔签字的"学生自愿走读申请书"，同时须注明本人目前详细居住地址，写明申请走读的具体原因。学生本人1寸免冠近期照片2张。

2. 学生监护人及学生本人的身份证、家庭户口本的原件和复印件。

3. 医院或其他可以说明走读原因的证明材料。

（二）班主任根据学生家庭住址、病情等现实情况进行初审，并在"学生自愿走读申请书"上签署意见。

（三）系部根据班主任签署意见进行复审并签署意见，报学生处。

（四）学生处进行审核，符合要求的，报主管校领导审批。否则，退回系部，并要求系部做好学生本人及其监护人的解释工作，或补齐相关手续后再行办理。

（五）主管校领导审批通过后，学生本人及其监护人领取《走读学生安全协议书》（一式三份），学生本人及其监护人、班主任、系部副主任四方签字后，协议生效。

（六）学生处为走读学生办理《北京市商业学校走读证》。走读时间从学生领取《走读证》之日起生效。

（七）班主任每周至少约谈本班走读学生1至2次，了解情况，进行守纪和安全教育，并将谈话记录存档备查。

（八）办理走读手续的相关材料交由学生处保存，并登记造册。

三、走读申请办理时间

（一）走读每学期办理一次，每次有效期为一学期。

1. 办理时间：每学期开学第二周。

2. 学期中途原则上不办理走读，如有特殊情况需要办理的，该学期住宿费退费额度按相关规定执行。

（二）临时走读根据学生实际病情，可随时办理，但原则上每学期只办理一次，且临时走读时间不超过一个学期。

四、走读资格学期复核

（一）每学期初，学校实行走读资格复核制度，特殊情况，随时受理。

（二）由学生处联合各系部对走读学生资格重新进行审核，凡不具备走读条件者取消走读资格。

（三）经复核，符合走读条件的学生，学生（家长）签订本学期《走读学生安全协议书》（一式三份）后，方可继续走读。

（四）学生处重新登记造册。

五、走读学生证件管理

（一）审批合格后，学生处为走读学生办理《走读证》，仅限走读学生上学、放学进出校门使用。

（二）走读学生原则上在校用餐。

（三）走读学生《走读证》须自行妥善保管，仅限本人使用，严禁转借他人。

六、走读学生管理教育

（一）各系部应建立走读学生档案。班主任是走读学生教育、管理的第一责任人，应把长期走读和临时走读学生的管理与教育纳入日常工作日程，建立规范的管理制度和定期联系报告制度，定期监督检查走读学生的情况，定期与学生监护人联系，共同做好走读学生的思想教育和安全工作。

（二）长期走读和临时走读学生不得以走读为由上课迟到、早退，原则上不得缺席学校、系部及班级组织的各项集体活动。

1. 每星期一至星期四，上午 7：20 前入校，按时参加升旗仪式及国旗下讲话。

2. 每星期一至星期四，下午放学后或学校统一组织活动完毕后离校，星期五中午放学离校。

（三）长期走读和临时走读学生必须严格遵守签订的《走读学生安全协议书》。凡在走读期间发生人身和财产安全等意外事故的，学校不承担责任。

（四）凡有以下行为之一的，取消其走读资格。

1. 在申请过程中弄虚作假的。
2. 违反学校有关规定的。

（五）已办理走读的学生未经批准不得在学生宿舍内逗留、留宿，否则，一经查实，给予相应纪律处分。

（六）走读学生出入校园，要主动出示"出入证"，骑自行车或电动车的学生出入校门要主动下车，积极配合学校安保人员检查。

（七）上午7：20以后到校的走读学生，主动在校门口保安室登记，名单由校门口保安室交到学生处，由学生处通知系部落实原因并处理。

（八）走读学生参加学校、系部、班级组织的活动，超出正常离校时间的，班主任须及时向监护人汇报，活动结束后离校返家。

七、附则

（一）办法的修订。本办法根据需要不定期进行修订。学生处负责收集整理相关部门提出的修改意见，并安排有关人员进行专题讨论，修订本管理办法及相关文件。

（二）本办法自发布之日起实施，由学生处负责解释。

劳动实践课管理办法

为贯彻落实《中共中央国务院关于全面加强新时代大中小学劳动教育的意见》以及教育部关于印发《大中小学劳动教育指导纲要（试行）》的通知（教材〔2020〕4号）的文件精神和相关规定要求，提高学生综合能力素养，培养劳动观念，强化劳动意识，同时保证学校正常的教育教学秩序，有利于学生健康成长，以《中华人民共和国职业教育法》《中职学生德育大纲》为依据，结合我校实际，特制定本办法。

劳动实践课是学生必修课，纳入学校专业人才培养方案，每一个学生必须完成规定学时的课程内容。

劳动实践课是学生在校期间最主要的实践活动之一。学校按照学生素质全面发展和实践能力培养的要求，强化岗位训练，定岗定责定任务，培养学生劳动意识，培养学生敬业、诚信、合作、创新精神，培养学生职业道德，激发学生的创造性、积极性、主动性。学生在校园实践活动中亲身实践，动脑动手，从实践劳动中获得直接经验，拓宽知识，锻炼各种能力，从而自身受到教育，学会做事，学会做人，为走向社会打下基础。

劳动实践课内容、管理及要求

一、劳动实践课内容

1. 参与学校教学楼、宿舍楼、实训楼、图书馆、体育馆等公共场所日常相关工作。
2. 按要求协助各办公室老师工作。
3. 参与"学生劳动创新和素养提升基地"组织的相关活动。
4. 参与校园垃圾分类"桶前值守"社会实践活动。

二、劳动实践课管理

1. 劳动实践课由教务处根据教学进程统一安排，每学期按班级依次进行，每周安排1~2个班级。
2. 劳动实践课由学生处、教务处、各系部负责组织实施，进行统一调配和考核，相关部门及相关任课教师负责对学生进行管理、指导、评价。
3. 参加劳动实践课班级的班主任负责对本班学生进行动员，参与对学生劳动实践课的指导、管理和考核，同时组织本班学生参加早晚自习、升旗仪式及技能训练课等。

三、劳动实践课要求

(一)准备阶段要求

1. 班主任要在本班劳动实践课开始前一周，对学生进行劳动教育，学习与劳动实践相关的资料。
2. 学生处负责老师、各系副主任及干事根据工作需要，分配好学生的工作岗位，每组设组长一名，认真填写岗位名单。

3. 学生处负责老师、各系副主任及干事召开动员大会，进行3课时的劳动教育理论课，宣讲劳动实践课的有关要求，使每个学生熟悉和明确岗位职责、要求和考核评分办法。

(二) 实施阶段要求

1. 落实岗位职责，认真履行劳动实践课的义务和权利，自觉完成工作任务。
2. 明确上岗、下岗时间，按时到岗，不迟到、不早退。未经许可不得擅自离岗、串岗、调岗。
3. 认真履行岗位职责，遵守上岗纪律、要求，不得在岗位上喧哗、打闹、吃零食、听音乐等，做与岗位工作无关的事情。不得在校园内闲逛，未经允许不得出入校园，更不能到操场上活动。
4. 上岗期间必须按要求统一着装。
5. 所有学生必须参加劳动实践课，不得缺勤或不参加。如有缺勤，根据实际情况扣分。

(三) 考核评议阶段要求

1. 劳动实践课学生的考核成绩由学生处负责老师、具体工作指导老师和班主任共同进行评议。
2. 劳动实践课结束后（星期五上午考核完毕），要召开劳动实践课工作总结会，参加劳动实践课的全体学生先交流体会，然后由学生处负责老师、班主任、各组组长进行总结。
3. 劳动实践课学生本人要进行书面工作小结，于下一周星期三前由班长收齐后交班主任；班主任评阅后再给学生处负责老师。劳动实践课工作总结一律用稿纸，字数不少于800字，字迹清晰、书写工整。

劳动实践课各岗位工作职责

一、劳动实践课工作岗位

原则上班长1~2人，办公室服务组（包括机房清洁）X人，图书管组X人，生活管理组X人，体育馆组X人，遇到特殊情况各岗位人数根据工作需要和班级实际人数进行调整。

二、各岗位工作职责

(一)办公室服务岗（包括机房清洁）

工作时间：上午 8：30—下午 4：00
（机房清洁中午 12：30—下午 1：00）
基本任务：
1. 主要负责教师办公室的服务工作。
2. 完成老师分配的其他工作。
3. 负责实训楼机房卫生清洁工作。
基本要求：
1. 统一穿着正装，仪表大方，统一佩戴胸牌。注意衣着要整洁，皮鞋光亮，发型符合标准。
2. 服务热情周到，工作认真细致，服从管理，完成工作效率高、质量高。
3. 遵守进出教师办公室礼仪。如有老师或宾客进入办公室要起立问好，并热情招呼请坐，双手递茶（茶水不宜太满）。
4. 经老师批准，在劳动岗上自习。
5. 掌握基本的办公软件操作技能。

(二)图书馆岗

工作时间：早 8：30—下午 6：00
基本任务：
1. 协助图书馆指导老师做好馆内卫生、图书的借阅与整理、阅览室图书、报刊的借阅整理等。
2. 协助阅览室的老师做好维持秩序、打扫卫生等服务工作。
3. 完成老师分配的其他工作。
基本要求：
1. 严格服从指导老师的管理和要求。
2. 严格遵守工作时间和工作程序，工作认真仔细，按照要求协助老师做好图书的借阅、整理工作。
3. 统一穿着校服，佩戴胸牌。
4. 未经老师允许不得擅自翻阅书籍，把书带出图书馆或阅览室；不得私自将图书借给他人。
5. 爱护图书，要轻拿轻放，不得故意损坏。如有图书丢失或损坏情况的发生，按照规定进行处罚和赔偿。
6. 完成任务，经老师批准，在劳动岗上自习。

(三)生活管理岗

工作时间：早 8：30—下午 4：00

基本任务：

1. 承担学生公寓的卫生清洁与维护工作。

2. 协助老师做好每天楼内学生纪律情况的监督与检查，对违纪同学进行劝阻并记录。

基本要求：

1. 统一穿着校服，佩戴胸牌。

2. 严格遵守时间，服从教师的分配与管理。

3. 不得随意串宿舍，不得在楼内大声喧哗，打闹。

4. 注意保持宿舍内的卫生，工作期间不得在宿舍内睡觉或打扑克等娱乐活动。

5. 在中午和下午的休息期间，做好对学生遵规守纪情况的监督和检查，并做好记录。

6. 经老师批准，在劳动岗上自习。

(四)体育馆岗

工作时间：早 8：30—下午 4：00

基本任务：

1. 负责体育馆内环境和设施的清洁与维护；

2. 协助老师维护体育馆开放期间学生活动的秩序；

3. 监督和检查同学是否按规定进行活动。

基本要求：

1. 统一穿着校服，佩戴胸牌。

2. 严格遵守时间，服从教师的分配与管理。

3. 认真做好体育设施的清洁和维护，未经老师同意不得擅自动用体育器材。

4. 爱护公物，不得故意破坏，一经发现严肃处理。

5. 及时发现和劝阻破坏设备设施和不按规定活动的行为。

6. 经老师批准，在劳动岗上自习。

(五)班长工作

工作时间：早 8：30—下午 4：00

基本任务：

1. 在劳动实践课中督促和检查本班各组同学的上岗情况，如上下岗时间、考勤情况、工作完成情况。

2. 发现问题及时向班主任和指导老师反映。

3. 协助班主任和指导老师安排、调整各岗位工作人员。

4. 班长固定在学生处工作。

5. 检查全班同学垃圾分类"桶前值守"任务完成情况。

基本要求：

1. 统一穿着正装，佩戴胸牌。

2. 每天将检查情况上报学生处负责老师。

3. 督促检查同学们工作时要多检查、多提醒，及时纠正同学们的错误和问题。

4. 星期一上午到学生处领取考核资料，并在星期五召开总结会前将考核结果交给学生处负责老师。

5. 劳动实践课后，一周内将应交的资料包括学生的个人总结、班长工作总结、班主任工作总结等交给学生处负责老师。

三、劳动实践课各岗位评分细则

学生在劳动实践课期间违反学校纪律，除进行教育外，根据错误性质扣5～20分。各岗位评分，具体减分如下：

(一)办公室服务岗

1. 上岗迟到、早退（15分钟以内），一次扣2分；

2. 未经请示，擅自离岗（15分钟以上），一次扣3～5分；

3. 串岗聊天，一次扣3～5分；

4. 没有佩戴劳动实践课标志，一次扣2分；

5. 不服从老师分配和管理，擅自换岗，一次扣5～10分；

6. 劳动实践课用品丢失或损坏，一次扣3分，并照价赔偿；

7. 工作不认真，完成任务情况较差，一次扣3～5分；

8. 见到老师、宾客不主动问好，一次扣3分；接待服务不热情周到，一次扣3～5分；

9. 精神状态懒散，服装不整洁，一次扣5～10分；在工作岗位上吃零食或做与工作无关的事情，一次扣5～10分；

10. 仪容仪表不符合要求，言行举止不文明，一次扣5～8分；

11. 劳动实践课物品丢失或损坏，一次扣3分，并照价赔偿。

(二)图书馆岗

1. 上岗迟到、早退（15分钟以内），一次扣2分；

2. 未经请示，擅自离岗（15分钟以上），一次扣3～5分；

3. 串岗聊天，一次扣3～5分；

4. 没有佩戴劳动实践课标志，一次扣2分；

5. 见到老师、宾客不主动问好，一次扣3分；接待服务不热情周到，一次扣

3~5 分；

6. 工作不认真仔细，造成一定经济损失，一次扣 5 分，并照价赔偿；

7. 滥用职权，不按程序要求工作，一次扣 5 分；

8. 不服从老师分配和管理，擅自换岗，一次扣 5~10 分；

9. 在工作中有不文明举止，一次扣 5 分；

10. 劳动实践课物品丢失或损坏，一次扣 3 分，并照价赔偿。

(三) 生活管理岗

1. 上岗迟到、早退（15 分钟以内），一次扣 2 分；

2. 未经请示，擅自离岗（15 分钟以上），一次扣 3~5 分；

3. 串岗聊天，一次扣 3~5 分；

4. 没有佩戴劳动实践课标志，一次扣 2 分；

5. 见到老师、宾客不主动问好，一次扣 3 分；接待服务不热情周到，一次扣 3~5 分；

6. 不服从老师分配和管理，擅自换岗，一次扣 5~10 分；

7. 卫生打扫不符合要求，一次扣 5 分；

8. 滥用职权或对违纪现象视而不见，工作失职、失误，一次扣 5~10 分；

9. 出现重大问题不报告老师，一次扣 10~20 分；

10. 不按时交检查记录，一次扣 3 分；

11. 在工作中有不文明举止，一次扣 5 分；

12. 工作期间在公寓内睡觉、打扑克、大声喧哗、打闹等违反纪律的行为，一次扣 5~10 分；

13. 工作失职、失误，一次扣 5~10 分；

14. 劳动实践课物品丢失或损坏，一次扣 3 分，并照价赔偿。

(四) 体育馆岗

1. 上岗迟到、早退（15 分钟以内），一次扣 2 分；

2. 未经请示，擅自离岗（15 分钟以上），一次扣 3~5 分；

3. 串岗聊天，一次扣 3~5 分；

4. 没有佩戴劳动实践课标志，一次扣 2 分；

5. 见到老师、宾客不主动问好，一次扣 3 分；接待服务不热情周到，一次扣 3~5 分；

6. 不服从老师分配和管理，擅自换岗，一次扣 5~10 分；

7. 卫生打扫不符合要求，一次扣 5 分；

8. 擅自动用体育器材，一次扣 5 分，造成经济损失的照价赔偿；

9. 在工作中有不文明举止，一次扣 5 分；

10. 劳动实践课物品丢失或损坏，一次扣 3 分，并照价赔偿。

四、劳动实践课评价

(一)学生个人成绩

1. 出勤率：如有病、事假必须提前向班主任和指导老师说明。缺勤一节课扣 2 分；连续缺勤两节课（包括两节课）以上不足半日，计缺勤半日扣 5 分；缺勤一日扣 10 分；旷岗一日扣 20 分；缺勤、旷岗累计三日（包括三日）以上，无成绩。
2. 学生个人成绩满分为 100 分，由班主任、学生处负责老师、岗位指导老师进行综合评定，给每位学生打分。
3. 劳动实践课考核成绩在 80 分以下的学生，不得参加各类评优活动。考核成绩在 60 分以下为不合格，根据实际情况延长其劳动实践时间。

(二)班级成绩

1. 劳动实践课班级考核成绩满分为 100 分。
2. 班级成绩为各班参加劳动实践课学生人数的总成绩的平均值。
3. 如发现班长、组长知情不报或故意隐瞒实情，扣除班级成绩 5～10 分。
4. 班主任必须参加劳动实践课的管理，配合学生处，共同加强学生实践教育。如班主任参加劳动实践课不积极或没有参加劳动实践课工作，扣除班级成绩 10～20 分。
5. 学生处负责老师得到劳动实践课班级违纪反映，确认属实，有权酌情扣除班级成绩。

劳动实践课个人成绩和班级总成绩，由班级会同学生处根据一星期实践表现共同计算。劳动实践课成绩参加学校评优，如有违反校规校纪现象的个人和班级，取消评优资格。同时学生处做好记录登记、成绩反馈、资料保管等工作。

本办法自发布之日起实施。本办法实施后，原有《劳动实践课管理制度》废止，与之有抵触的规定一律以本办法为准。本办法由学生处负责解释。

 # 学生使用手机等电子产品管理规定

根据《教育部办公厅关于加强中小学生手机管理工作的通知》（教基厅函

〔2021〕3号）等文件精神，学校为保护学生视力，促进学生身心健康发展，养成合理使用手机等电子产品的行为习惯，特制订本管理规定。

本规定中涉及学生使用的手机等电子产品必须是国家质检合理的设备及产品，包括但不限于：手机、智能手表、笔记本电脑、PAD、摄像机、照相机、游戏机等。

1. 学生原则上不得将手机等电子产品带入校园。如确需携带手机等电子产品的，须由学生本人提交书面申请，家长签字同意，经学校审批同意后方可带入。每名学生限带一部手机。

2. 学生将手机等电子产品带入教学场所的，教学时间必须保持关闭状态。每天早读前、下午第一节课前、晚自习前，由各班班主任或系部值班老师或班长将手机统一存放在学校配发的"手机保管箱"中，集中管理。每天中午、下午、晚自习下课后，由各班班主任或系部值班老师或班长统一发放手机。学生公寓22：00熄灯后，原则上学生不得使用手机等电子产品，以保证身体健康及充足睡眠。

3. 任课教师因教学需要确需学生在课上使用手机等电子产品，应在学期初将使用的时间安排列入教学计划中。上课前，任课教师本人填写《学生使用手机等电子产品说明单》，放置于教室外规定位置，任课教师负责课堂上学生手机等电子产品的发放、管理和收集保管。教务处、学生处、系部加强巡视，严格检查上课学生使用手机等电子产品情况。

4. 如学生遇到紧急、突发事件确需使用手机的，应及时找班主任或系部值班老师给予解决。如家长在上课期间有急事需与学生联系，可直接联系班主任或学生所在系部。

5. 各班级手机保管箱钥匙由各班班主任或系部学生管理教师统一管理。

6. 学生在参加讲座、集会等集体活动或在食堂、图书馆、校园等公共场所时，原则上不得使用手机等电子产品，如需使用，须遵守学校相关规定。

7. 学生在考试期间，严禁携带手机等电子产品进入考场。

8. 学生在宿舍、浴室、卫生间、医务室等场所，严禁使用手机等电子产品对涉及他人隐私进行照相、录像、录音。

9. 学生给手机等电子产品充电，须使用国家质检合理的设备及产品，应按照学校相关规定的时间、场所和设施进行充电，保证用电安全。

10. 学生应妥善保管好包括手机等电子产品在内的贵重财物，如遗失及时上报班主任。

11. 学生如违反本规定，学校将对学生进行教育指导，并告知家长；如多次违反或情节严重者，将按照《学生违纪处分条例》给予相应纪律处理；如违反国家法律法规，按相关规定处理。

12. 本规定自发布之日起实施，学生处负责对本规定进行解释。

学生新媒体使用管理办法

为加强新形势下学校宣传思想政治工作，进一步规范学生新媒体的使用和管理，更好地服务学生全面健康成长，充分发挥新媒体在学生政治思想引领、文化传承、风采展示和信息服务等方面的积极作用，规范学生使用新媒体行为，提升学生职业素养和信息素养，营造良好的校园网络舆论环境，建设清朗网络空间，根据教育部、国家互联网信息办公室《关于进一步加强高等学校网络建设和管理工作的意见》及《互联网信息服务管理办法》等国家法律法规，依据学校《意识形态工作责任制实施细则（试行）》《新媒体平台建设管理工作办法（试行）》等规定，结合学校实际情况，特制定本办法。

新媒体主要指：学生使用手机和建立的微博、微信、QQ、APP客户端、移动端等新媒体平台，同时包括本办法公布实施后出现的符合"新媒体"定义的媒体平台。学生处会同宣教部、各系部负责学生新媒体使用管理办法制定修订、监督落实和考核评价。

一、学生使用新媒体基本规范

1. 学生在网络中使用新媒体时，必须遵守国家安全机关、公安机关、学校制定的法律、法规和管理规定，并接受监督和管理。
2. 学生在网络中使用新媒体时，应严格遵守网络礼仪和道德规范，利用新媒体主动弘扬正能量，用文明语言和理性态度发表网络评论，营造理性、平和、有序的网络舆论氛围。
3. 学生在网络中使用新媒体，必须遵守中职学生公约和学校管理规定，自觉维护正常的学习、生活秩序，不得影响其他同学正常的学习、生活和休息。

二、学生使用新媒体管理规定

1. 禁止利用新媒体平台发布丑化党和国家形象，诋毁、污蔑党和国家领导人、英雄模范，或者歪曲党的历史、中华人民共和国历史、人民军队历史。
2. 禁止利用新媒体平台发布有悖于社会主义核心价值观的内容。
3. 禁止利用新媒体平台发布不文明言论、不良的行为以及各类不和谐的声音。
4. 禁止利用新媒体以各种形式蓄意挑起系部、年级、班级、宿舍、同学之间事端，影响学校、系部、年级、班级、宿舍和谐稳定，造成学生群体之间的摩擦、冲突以至暴力行为。

5. 禁止通过微信、论坛、微博、贴吧、QQ群、微信群、朋友圈等网络途径公开威胁、侮辱、诽谤他人和各类社会组织。

6. 禁止利用网络平台宣扬、美化侵略战争和侵略行为的言论。

7. 禁止利用朋友圈、QQ空间、贴吧等网络平台转发有辱他人或学校形象的信息或不实信息，或为此评论和点赞的行为。

8. 禁止曝光他人隐私，如传播或公开可能令他人受到威胁、伤害、侮辱的文字、照片、视频、音频等。

9. 禁止制造与传播虚假信息，如通过拼接图片或添加侮辱、诽谤性文字，散播谣言，发布不实信息等。

10. 禁止在微信、QQ等新媒体个人头像设置中出现不健康、负能量的画面和文字内容。

11. 禁止在新媒体中发布或者转发与宗教相关的内容。

12. 禁止发布或转发与迷信或邪教等有关的内容。

13. 禁止发布或转发与色情、赌博、暴力、凶杀、恐怖主义或教唆违法犯罪等内容。

14. 禁止以暴制暴应对网络欺凌，应理性应对网络不良行为，在遭遇网络攻击或网络欺凌时，保持冷静，并及时告知老师、家长寻求帮助。

15. 禁止与通过网络社交形式结识的陌生人在线下见面。

16. 禁止参与网络中的非法金融活动，学生须加强自身网络财产安全意识。

17. 学生在使用教室、机房、实训室多媒体设备登录新媒体平台时，不得进行与学习无关的活动，不得利用校园网络下载电影、电视剧等与学习无关的文件。要爱护教室、机房、实训室的多媒体设备，注意保持多媒体设备的整洁和卫生。

18. 禁止在网络中利用新媒体故意制作、传播计算机病毒等破坏性程序，或发布、传播依附有计算机病毒的信息、链接。

19. 禁止盗用他人新媒体账号、密码上网，冒用他人名义发布信息。

20. 禁止利用新媒体平台侵犯学校、系部、班级、教师、同学合法权益的行为。

21. 学校在教学楼安装无线路由器以保障教育教学活动正常进行，学生不得私自连接学校无线路由器，上网登录新媒体平台，严禁利用网络资源进行经营性活动，如在微博、微信、QQ等新媒体平台售卖电子烟等对学生身心健康有害的产品。

三、学生使用新媒体违纪处理办法

学生违反新媒体使用管理规定，视性质和情节，依据学校《北京市商业学校学籍管理规定》和《学生违纪处分条例》，给予相应纪律处分；违反国家法律法规，将追究法律责任。

学生班车管理规定

学生班车指学校为方便学生上下学而提供的有固定线路的客车。为了加强学生班车安全管理工作，确保学生乘车安全，营造良好乘车秩序，有效地保障学生交通安全。依照国务院2012年4月5日发布实施的《校车安全管理条例》，特制定学生班车管理规定。

一、乘车时间、地点及线路

星期五学生离校时间：11：40—12：00（随作息时间调整）；地点：在校内国旗广场集合；线路：从学校国旗广场到地铁立水桥站。

星期日学生返校时间：15：00—15：30；地点：在地铁五号线立水桥站路东公交站集合；线路：从公交车立水桥站到学校国旗广场。

二、乘车要求

乘车学生要严格遵守乘车规定，体现良好道德修养和文明素质，做到"有序排队、刷卡上车、文明乘车"。

三、有序排队

星期五按时到国旗广场指定地点排队候车。星期日返校时，学生在规定时间、地点排队候车。排队时不拥挤、不打闹，文明候车。

候车时，要等车停稳后再靠近，按顺序排队上车。

四、刷卡（码）上车

学生上车须主动刷北京公交一卡通或北京公交乘车码。

五、文明乘车

1. 学生乘车途中语言文明，行为得当，尊敬司乘人员，听从跟车老师指挥，服从跟车老师和学生干部管理。

2. 学生乘车时，严禁各种违纪行为。严禁吸烟，严禁携带易燃、易爆等危险物品。爱护车上一切设施，如有损坏，照价赔偿。

3. 学生乘车时，不准在车内吃食品，不准向车外抛掷任何物品，保持车内公共卫生。

六、安全乘车

车辆行驶中要遵守以下安全要求：

1. 不准随便走动、打闹，不准大声喧哗，严禁和司机交谈，以免影响驾驶。

2. 车门脚踏板严禁站人，不准手扶、倚靠车门，要随时扶好、坐好，确保自身安全。

3. 严禁将身体任何部位伸出窗外，严禁强行扒车、跳车，以免发生危险。

4. 严禁私自扳动各种开关，以免发生危险。

5. 如发生交通事故、火灾等意外情况，学生要服从司乘人员和跟车老师指挥，有序疏散。

6. 下班车时，学生带好个人物品，以免丢失或遗落。

七、跟车老师要求

1. 每辆车安排一名跟车老师，负责维护班车安全和秩序，解决突发事件，与司乘人员进行沟通协调等事宜，同时管理学生刷卡、乘车纪律及安全等。

2. 跟车老师上岗时间：星期五中午11：30（随作息时间调整）到岗，有序组织学生排队上车，并统计上车人数；星期日下午14：45到岗，维护好学生候车秩序，并安排学生有序上车。

3. 学生干部应协助跟车老师，负责组织学生有序刷卡上车。

4. 候车或行车过程中遇到突发事件，跟车老师应及时协助解决，并上报学生处。

5. 劝阻本校师生以外人员乘车。

6. 车辆到站，提醒学生带好个人物品，有序下车。

八、其他

1. 相关人员要严格执行此规定。如有违反，一经查实，学校将视情节给予纪律处分。

2. 本规定自发布之日起实施。

学生个人车辆管理规定

学生个人车辆是指供学生上、下学而使用的有安全质量保证的自行车或电动自行车。为了规范校园学生个人车辆管理，维护学生生命财产安全和交通秩序，根据《中华人民共和国治安管理条例》《中华人民共和国道路交通管理条例》，结合本校实际，特制定学生个人车辆管理规定。

一、学生应遵守以下要求：

1. 严禁学生驾驶摩托车、电动摩托车、汽车、电动汽车等其他车辆上下学。
2. 学生上、下学途中，要自觉遵守交通法规，骑车过程中注意安全，严禁骑车带人，做好自我防护。
3. 学生进出校园，应下车推行，严禁在校内骑车、溜车、滑车等。
4. 学生个人车辆，一律停放在校内车棚内，有序摆放。
5. 加强学生个人车辆管理，学生要做到：人走车锁，车辆不转借，爱护自己及他人车辆。
6. 放学后，在操场活动的学生，不得将个人车辆停放在操场周边通道。
7. 如有车辆丢失或损坏情况，及时告知班主任。

二、本规定自发布之日起实施，由学生处负责解释。

校园场所使用管理规定

校园场所是在学校供学生进行各种活动的主要场所，主要含教学（实训）场所和活动场所等。为进一步规范校园场所使用管理，维护学校正常教育教学和生活秩序，确保校园活动的正常开展，建设和谐校园，创造平安、舒适的学习与生活环境，依据《中小学校园环境管理的暂行规定》，结合本校实际，特制定校园场所管理规定。本规定适用于北京市商业学校（以下简称"学校"）所有在校生。

一、严格遵守校园场所的开放时间

(一)教学（实训)场所

星期一至星期四：　　6：30—21：30；
星期五：　　　　　　6：30—15：00；
星期日：　　　　　　15：30—21：30；
特殊情况除外。

(二)活动场所

执行不同活动场所规定的开放时间。

二、严格遵守校园场所的使用规定

(一)教学（实训)场所

1. 进入校园场所，除特殊情况外，必须穿着校服或专业教学规定的工服。
2. 未经允许，不得带笔记本电脑、平板电脑、游戏机等电子设备及贵重物品进入校园场所。
3. 未经允许，不得将食品饮料等带入校园场所。除学校活动特殊要求，不得带入棋牌、化妆品等与校园场所无关的用品。
4. 严格按照8S管理标准维护教学场所环境，做好卫生维护工作。
5. 校园场所内要时刻做好通风工作，预防疾病发生。
6. 不准追逐打闹、大声喧哗，不准乱扔废弃物、随意吐痰等，不准在墙壁和课桌上涂抹、刻画、张贴、蹬踏等。未经允许，不得在楼内进行各种体育活动。
7. 进行活动时应注意安全，严禁坐、站、倚靠窗台，严禁攀爬楼层栏杆及翻越门窗。
8. 严禁焚烧杂物，严禁燃放烟花爆竹，严禁使用明火。
9. 爱护教学场所内所有设备设施，如有损坏，照价赔偿。
10. 爱护校园场所内消防设备设施，除遇突发事件外，严禁私自使用。

(二)活动场所

1. 定期对校园场所进行卫生大扫除，学校按照8S管理标准进行检查和评比，做好卫生维护工作。

2. 严禁对校园场所内的设备、座椅等随意刻画、污损。

3. 未经负责人同意,不得将场所内的设施随意带出。

4. 爱护活动场所内所有设备设施,如有损坏,照价赔偿。

5. 未经允许禁止校外人员进入校园活动场所。

三、做好校园场所内的安全工作

1. 离开校园场所,要关窗、锁门、断电,做到人走灯灭。校园场所使用结束后,安全委员落实各项规定执行情况,系安全部负责监督,校安全部进行最终检查评比。

2. 爱护校园场所内公共财产,妥善保管使用场所内的设备等。未经允许,严禁使用校园场所内的电源。如场所内设备出现故障和损坏,及时报告、维修。

3. 校园场所内的空调由安全委员负责,夏季温度不低于26℃。

4. 校园场所内设备设施存在安全隐患时,安全负责人应及时上报。

5. 严禁焚烧杂物,严禁燃放烟花爆竹,严禁使用明火。

6. 活动时注意运动安全,避免发生意外伤害。

违反以上规定者,视情节轻重,给予批评教育或纪律处分。

本规定自发布之日起实施,由学生处负责解释。

第二部分 服务指导

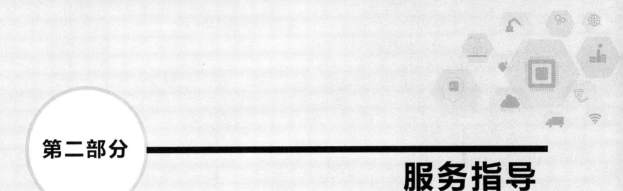

学生礼仪规范细则

一、礼仪交往

1. 宽容——在交际活动中运用礼仪时，要彼此尊重，相互包容。
2. 敬人——在社会交往中，要敬人之心常存，处处不可失敬于人，不可伤害他人的个人尊严，更不能侮辱对方的人格。
3. 自律——这是礼仪的基础和出发点。学习、应用礼仪，最重要的就是要自我要求、自我约束、自我控制、自我对照、自我反省、自我检点。
4. 遵守——在交际应酬中，每一位参与者都必须自觉、自愿地遵守礼仪，用礼仪去规范自己在交往活动中的言行举止。
5. 适度——应用礼仪时要注意做到把握分寸，认真得体。
6. 真诚——运用礼仪时，务必诚信无欺，言行一致，表里如一。
7. 平等——是礼仪的核心，即尊重交往对象、以礼相待，对任何交往对象都必须一视同仁，给予同等程度的礼遇。

二、职业形象

(一)仪容、仪表

1. 发式基本要求。
(1) 男生:留短发,前不遮眉,侧不遮耳,后不及衣领,不烫发、不染发。
(2) 女生:不烫发、不染发、不散发,短发要露出五官,长发要扎马尾。
2. 面部基本要求。
(1) 女生:面部干净,不戴饰物,可化职业淡妆。
(2) 男生:面部干净,不戴饰物,不留胡须。
3. 表情:目光温和平顺,表情自然放松。
4. 手部:要保持手部的清洁,不戴饰物,不留长指甲、不染指甲。
5. 校服(正装):干净、整洁、配套、规范。着正装时男生佩戴领带,女生佩戴发网、领花,不佩戴其他饰物。

(二)站姿端正

1. 站立应挺直、舒展、收腹、眼睛平视前方,嘴微闭,手臂自然下垂。正式场合不要将手插在裤袋里或交叉在胸前,更不要有下意识的小动作。
2. 男性通常可采取双手背于身后,两手相握的背式站姿,双脚可稍许分开,与肩部同宽。也可采用双手置于身体两侧的侧立式站姿。
3. 女性的主要站姿为前腹式,但双腿要基本并拢,脚位应与服装相适应,穿短裙时,脚跟靠近,脚掌分开呈"V"状或"Y"状;穿礼服或旗袍时,可双脚微分。

(三)坐姿文雅

1. 入座时,动作应轻而缓,轻松自然。不可随意拖拉椅凳。就座时从座椅的左侧入座,背部要与椅背平行,沉着安静地坐下并坐于椅面的2/3处。女士着裙装入座时,应将裙子后片拢一下。
2. 坐时,要保持上身端正,两手应自然下垂,肩部放松,五指并拢。男性可以微分双腿(一般不超过肩宽),双手自然放在膝盖上或椅子扶手上。女性一般应并拢膝或双腿交叉端坐,双手放在膝盖上。
3. 离座时,应请身份高者先离座,离开座位时动作要轻缓,不可猛起猛出,发出声响。坚持"左入左出"的原则,从作为左侧离开,站好再走,保持轻盈、稳重的体态。

(四)走姿稳重

1. 行走时，应目视前方，上体正直，挺胸收腹立腰，重心稍向前倾，双肩平稳，双臂以肩关节为轴前后自然摆动，脚步轻而稳。走路时不能把双手插在裤袋内。

2. 应遵守行路准则：右行、礼让、慢步、轻声

3. 行走时应注意

（1）行走在走廊、通道、楼梯时应靠右行走，见到老师要主动问好。

（2）通道比较狭窄，老师从对面走来时，应主动停下，侧身站立，用手示意，请其通过。

（3）两人行走，不要拉手搭肩；多人行走，不要横排成行；与老师同进出，要礼让老师。

（4）遇有急事或手提重物须超过行走在前面的人或老师时，应先向其致敬，在征得同意后方可超前走，并注意从其的一侧通过，如有两位客人并列时，不能在其中间穿过。

（5）遇到十分紧迫的事，要加快步伐，但不可慌张奔跑。

（6）行走时，不得吃东西、吹口哨等。

三、日常活动礼仪

(一)课堂礼仪

1. 预备铃响后，每一位学生都应做好上课的准备，要把上课所用书本、学习用具准备好，不再与同学说笑，集中注意力，端坐等待老师的到来。

2. 上课迟到，在教室门口要喊"报告"，得到允许后方可进入教室。如果老师问及迟到原因，要诚实回答，老师同意后，方可入座。在走向自己座位时，速度要快，脚步要轻。到座位上掏出书本时，尽量不要发出太大的响声，更不能有任何滑稽可笑的举止，引同学们发笑。要迅速集中精力，静听老师讲课。

3. 课堂上要坐姿端正，认真听讲，不要做小动作，不要和周围的同学小声说话，不允许使用手机。别人回答问题时不要胡乱插话。

4. 老师在课堂上提问时，如想回答，应先举手，老师点到自己名字时，才能站起来答题。

5. 凡认为比较重要的内容，都应记在笔记本或书上，有不明白的地方，要等老师讲授完后或者询问学生时，再提出来。

6. 上下课时，由班长喊"起立"，待老师还礼后方可坐下或下课。

7. 课后不能在教室或教学楼内大声喧哗、打闹、聚众起哄，可到户外做有

益活动。

(二)晨训礼仪

1. 按时到达教室,准备好所需晨训教材。
2. 按照站姿或坐姿的标准进行练习。
3. 朗诵时要做到精神饱满、声音洪亮、普通话标准。
4. 要朗诵指定教材、指定内容,态度端正。

(三)图书馆礼仪

1. 要保持安静,手机调至无声状态,不大声喧哗。
2. 爱护图书,不毁损图书,借阅书籍要及时归还。
3. 尊重图书管理员,做到有礼貌。
4. 不在图书馆和阅览室内吃东西,不占座位,不接打电话,不听随身听。

(四)网络礼仪

1. 自觉遵纪守法,倡导社会公德,促进绿色网络建设。
2. 不造谣、不信谣、不传谣。
3. 浏览合法网站和APP,自觉抵制网上的虚假、低俗内容,不浏览淫秽、暴力、迷信以及其他违法违规信息。
4. 提高防范意识,不随意约会网友,防止网络诈骗,抵制校园网贷。
5. 与他人交流或在社交平台发布动态时,确保文字、图片、音频、视频等规范和文明。
6. 尊重他人隐私,未经别人同意,不翻阅别人的聊天记录。
7. 提倡自主创新,不使用盗版软件,抄袭及剽窃他人网络作品。

(五)用餐礼仪

1. 在食堂购餐时应自觉排队,不插队、不拥挤、不大声喧哗。
2. 按需购餐,节约粮食。
3. 购餐后,端碗行走要小心,万一弄脏别人衣服,要有礼貌地道声"对不起"。别人无意弄脏自己的衣服,多给予谅解,道声"没关系"。
4. 用餐时不要共用餐具。
5. 进餐时玩笑要有节制,以免发笑时把口中食物喷到别人碗中,引人不快。
6. 咀嚼食物时不要发出声响。
7. 进餐时要吐痰、抹鼻涕要离开餐桌进行,遇上打饱嗝、打喷嚏、咳嗽,最好捂住嘴并赶紧把头向后方转。
8. 不要蹲着进餐,这种姿势既不雅观也不利于人体健康。
9. 用餐后,主动将餐具及杂物送到收残台。

(六)住宿礼仪

1. 遵守学生宿舍管理制度和有关规定。在公寓楼内不大声喧哗、打闹，不影响他人休息。
2. 舍友间要互相尊重，互相关心，团结友爱。
3. 讲究文明礼貌，以礼待人。老师及客人进宿舍，下铺的同学要起立，上铺的同学要坐起，主动打招呼。当客人告辞时应以礼相送。
4. 讲究个人卫生，爱护集体荣誉。衣服要勤换洗，床铺勤打扫，被褥叠整齐，用具摆放合适。未经允许，不随便挪动翻看他人物品。
5. 自觉参加值日，搞好公共卫生，保持宿舍整洁美观。
6. 爱护公共财物，养成节约用水、用电、关门窗的习惯。不在墙上乱写、乱画、乱贴、乱钉。

四、活动礼仪

(一)文化活动礼仪

1. 牢固树立"安全第一"的意识，严格遵守活动的制度要求，保证自己在身体健康的情况下参加活动。
2. 尊重裁判和工作人员。场上服从裁判的判罚，场下配合组织者开展活动。
3. 认真对待，精心准备，积极参与，体现学生良好的精神面貌和道德风尚。
4. 观看演出礼仪

（1）观看演出时应提前到场入座，如迟到，应等到幕间休息入场，尽量不打扰他人，遇他人让路应道谢。

（2）观看演出时，不戴帽子，不吃带皮、壳和带声响的食品，不要把脚踩在前排座椅上。

（3）尊重演员。演出结束后，向演员鼓掌表示感谢。演员谢幕前，不要提前退席。

5. 观看体育比赛礼仪

（1）文明观赛事，理智对输赢。应本着"更高、更快、更强"的奥林匹克精神和"友谊第一，比赛第二""重在参与"的精神积极参与，为双方鼓掌加油。

（2）语言文明，着装得体，热情大度。

（3）不乱抛物，爱护公物和环境卫生。

6. 做操礼仪

（1）准时集合，快速整队，服装整齐。

（2）做操用力，姿态优美，动作规范。

（3）解散有序，顺序退场。

(二)仪式庆典礼仪

1. 升降国旗礼仪

(1) 升国旗是一种严肃的活动,会场一定要保持安静,严禁说话、走动。每个人的神态要庄严,当五星红旗冉冉升起时,所有在场的人都要立正,脱帽,行注目礼,直至升旗完毕。

(2) 降旗时态度要认真恭敬,在场人员应立正站好,行注目礼直至降旗完毕。

(3) 不在升降国旗现场,如果看见升降国旗或听见国歌响起,也应立即肃立,面向升降国旗方向,行注目礼,待升降国旗完毕继续行走。

2. 领奖礼仪

(1) 颁奖仪式中,获奖选手要走到台前正中,注意走姿,自然放松。

(2) 走到台前,要面向观众,表情自然,面带微笑。

(3) 礼仪上台时,要求双手捧起证书或奖牌,注意身体放松,目视前方,不低头、不驼背。

(4) 接奖状时,要目视颁奖者,双手接过奖状,面带微笑,表情自然,鞠躬道谢。

(5) 当获奖选手领奖后,观众应热烈地鼓掌,以表示祝贺。

五、人际交往礼仪

(一)接打电话礼仪

1. 接听电话要及时,不应让铃声响过三次。
2. 打电话时,如对方无人接听,铃响不应超过三次。
3. 接电话时,首先要问"您好",自报家门,声音清晰,咬字清楚,语调适度,姿势良好。
4. 转接电话一定要确认对方姓名和身份。
5. 如为他人记留言,应备好便纸条。要记录清楚,及时传达。
6. 挂电话时,双方应互道"再见"。
7. 打电话一方先挂电话,话筒要轻放。

(二)办公室礼仪

1. 进办公室之前应先喊"报告"或轻敲门,得到允许后方可进入。
2. 凡进入办公室的学生,应向老师问好,且不宜久留,得到解答后应迅速离开。
3. 离开办公室脚步要轻,并向老师说"老师再见"。

4. 未经老师允许，不随便翻看、挪动、使用办公室物品。

(三)迎送、递物、握手礼仪

1. 握手礼

（1）标准的握手姿势应是平等式，即大方地伸出右手，用手掌或手指用一点力握住对方的手掌，通常以3秒左右为宜。

（2）握手时注意

① 正式场合：上下级之间，应在上级伸出手后，下级才能伸手。

② 日常生活：长辈与晚辈之间，长辈伸手，晚辈才能伸手。

③ 社交场合：男女之间，女士伸手后，男士才能伸手。

④ 在多人同时握手时，忌交叉握手。

⑤ 不要跨着门槛握手。

2. 赠送名片

（1）名片应双手呈递，将正面朝向接受方。

（2）接受名片时，态度一定要恭敬，以使对方体会到你对他的尊重。

（3）接受名片后，应向对方回送自己的名片。如不能回送，应向对方说明并表示歉意。

（4）名片应放到名片夹或上衣口袋中；放在桌上时，切忌随手乱放或在上面压杯子、文件夹等物品；不应涂画他人名片。

3. 致谢

（1）事情无大小，致谢要真诚。

（2）致谢要及时，方式可多样，如直接口头致谢、书面致谢、电话致谢、由他人转达谢意等。

4. 道歉方式

（1）直接式：某件事做错了，某句话说错了，应开诚布公地向对方道歉，例如说"对不起""我错了"。这种真诚坦白的态度容易得到对方谅解。

（2）书信式：如果你觉得道歉的话说不出口，可给对方写封信或发个短信，表示歉意。这种不见面的交谈既可达到道歉的目的，又可免去一些难堪局面。

（3）转达式：即求助于第三者。可以将自己的歉意直接或间接告诉双方都熟悉的第三者，请他代为转达歉意。

（4）替代式：小小礼物寄歉情，把一束鲜花、一件小礼物放在对方可以发现的地方，可以表明悔意。

（5）改正式：有些过失是可以用口头表示歉意并能奏效的；还有些过失不但需要口头向对方表示歉意，而且需要改正过失的行动。

5. 会议礼仪

（1）参加会议者应衣着整洁，仪表大方，准时入场，进出有序，按会议安排落座。

(2) 开会时认真听讲，及时记录，不要说话，发言结束时，应鼓掌致意。

(3) 文明使用手机。

(四)同学之间礼仪

同学之间要讲文明、讲团结、讲友爱，要相互尊重、相互帮助。遇事要冷静处理。同学之间产生矛盾，不要采取过激行为，要通过正常渠道解决。

(五)校园相遇礼仪

1. 同学相遇时，应主动打招呼问好，打招呼时，应当注视对方，面带笑容，点头致意。

2. 遇到老师时，应主动向老师问好，问好时，应立正站好，双目注视老师，面带微笑，身体稍向前倾，头自然下垂。

3. 行走自然、稳重、速度适中，轻声右行，互相礼让。

(六)教室内接待礼仪

老师进入教室时，应起立主动问好，并让座。老师离开教室时，应为老师开门，送老师到门口并说"再见"。

六、礼貌用语

1. 常用礼貌用语，包括：问候、慰问、致谢、致歉、征询、赞赏、挂念、祝福、迎送、应答、委婉推托等多方面内容。

2. 问候："你（您）好"——同学之间、同事之间、家庭成员之间、邻里之间见面都应相互问候，若采取"早晨好""上午好""下午好""晚上好""晚安"等时令性问候将更好。

3. 提倡同路人、同车人等微笑致意。

4. 慰问："辛苦了""受累了""麻烦你（您）了"等。

5. 致谢："谢谢"——凡是别人为你服务、做事和帮助，无论给你的帮助是多么的微不足道，都要说声"谢谢"。可加重语气表示"多谢了""非常感谢""十分感谢""谢谢您的好意"等。

6. 致歉："对不起"——无论何时何地打扰了别人，都须说声"对不起"。还可表示"实在抱歉""真过意不去""请原谅""失礼了""打扰你（您）了""我（们）立即改正"等。

7. 征询："请"——在生活和工作中，任何需要麻烦他人的时候，"请"字都要必须挂在嘴边。如"您有什么事情？"、"需要我帮您做点什么？"、"如果您不介意的话，我可以做……吗？"、"您还有别的事情吗？"、"请您慢点讲"等。

8. 赞赏:"太好了""真棒""美极了"等。
9. 挂念:"身体好吗?""还好吧?""怎么样?"等。
10. 祝福:"祝你(您)节日快乐""祝你(您)生日快乐""祝你(您)演出成功""祝你(您)身体早日康复"等。
11. 迎送:"欢迎""欢迎光临""欢迎莅临指导""再见"等。
12. 应答:"没关系""不客气""照顾不周的地方请多指正"等。
13. 委婉推托:"很遗憾!""不能帮您的忙"等。

学生申诉办法

为进一步加强学校法制建设,全面推进依法治校、依法执教,不断提高、发挥学校党委、团委服务学生的能力,更好地维护学生合法权益,依据《中华人民共和国教育法》《中华人民共和国未成年人保护法》及其他法律法规和文件精神,特制定本制度。

学生申诉制度,是指学生在接受教育的过程中,对学校的处理决定有异议,或认为学校和教师侵犯了其合法权益(包括但不限于受教育权、公正评价权、隐私权、名誉权及其他人身权及财产权)而向学校有关部门申请重新处理的制度。

一、学校设立学生申诉处理委员会

学校设立学生申诉处理委员会,负责受理并审查学生申诉事件。学生申诉处理委员会设主任1名,由分管校领导担任,学校党政办公室、纪委办公室、教务处、督导室、后勤服务保障部、学生处、团委、学生会、家长委员会等部门组织委派代表担任委员会成员。申诉处理委员会下设秘书处,设立在学校学生处,负责委员会日常工作。

二、学生申诉范围

学生就读期间,若发生下列情况,有权提出申诉:
1. 对学校做出的违纪处分有异议;
2. 对学校作出的决定或处理方式,包括学籍状况处理、学业评定、素养评定、操行评定、评奖评优、资助评定等有异议;

3. 对学校或教师侵犯学生人身权的行为，如在教育管理中体罚或变相体罚学生，侮辱学生，侵犯学生人身自由权等；

4. 对学校或教师侵犯了学生合法财产权的行为，如违规没收学生财务、收受家长礼赠的；

5. 对学校或教师进行评价后，受到不公正对待的；

6. 认为自身权益受到侵害的其他情况的。

三、学生申诉途径

(一)电话申诉

学校设立学生服务热线，专人在岗负责处理学生反映相关事件。学生服务热线为：81763287。

(二)当面申诉

学生可到学生申诉处理委员会秘书处（教学楼 A 座 112 室）当面提出申诉。

(三)信箱申诉

1. 学校设立学生服务申诉意见箱，置于各公寓楼门口、师生身心素质发展中心门口等地点，学生形成书面文字后可自行投入信箱内。学校每日上午 9:00 指定专人开箱收取信件。

2. 学校设立学生申诉电子邮箱 bjsxshensu@163.com，学生可将申诉内容发送至该邮箱。

四、学生申诉程序

(一)受理与回复

接到学生申诉，学生申诉接待委员会须无条件予以受理，并在接到申诉的 24 小时内给予回复。

(二)记录与派单

学生申诉接待委员会接到申诉后，须将学生反映问题及诉求如实记录在册，第一时间由专人派单至相关部门。

(三)核实与处理

相关部门接到学生申诉接待委员会派单后，须第一时间核实情况、整理材料、形成处理意见，在 48 小时内对学生申诉相关问题予以妥善处理，同时做好记录。

(四)上报与回访

相关部门处理完成学生申诉后,须第一时间将处理结果上报至学生申诉接待委员会,学生申诉接待委员会做好备案,并在接到学生申诉的 72 小时内完成回访。若申诉问题未得到妥善解决,申诉学生对申诉情况办理不满意,学生申诉接待委员会责令相关部门依程序反馈相关部门重新处理。

(五)结案与归档

学生申诉受理结案后,学生申诉接待委员会秘书处做好相关归档工作。

五、保密原则

学生申诉处理委员会,须严格根据申诉学生意愿,按照本办法受理学生申诉,并做好相关保密工作。

本办法自发布之日起实施,由学生处负责解释。

学生家长委员会管理办法

第一条 为贯彻落实全国教育大会精神,践行"三全育人"理念,营造合力育人、协同育人的良好氛围,坚持家校沟通合作,让家长充分参与学校管理,共同促进学生的全面发展,结合我校具体情况,特制定学生家长委员会管理办法。

第二条 家长委员会是由本校学生家长代表组成,代表全体家长参与学校民主管理,支持和监督学校做好教育工作的群众性自治组织,是学校联系广大学生家长的桥梁和纽带。

第三条 家长委员会的组成 家长委员会由约 20 名委员组成,实行聘任制,每学年聘任一次,并颁发证书。委员由各班级、系部推荐、学校审核产生,其代表资格随学生毕业而终止。家长委员会设主任委员 1 人,副主任兼秘书长 1 人,副主任委员 2~3 人,负责召开家长委员会会议,主持家长委员会活动和工作。委员的分工由家长委员会全体会议通过。

第四条 家长委员会委员的基本条件

1. 关心教育工作,热心社会活动。
2. 有家庭教育经验,有一定的教育管理能力和较强的工作责任心,愿意为学校的发展建设和教育教学工作建言献策。

3. 能确保经常性参与本会的正常工作。

第五条　家长委员会的活动原则和形式

1. 家长委员会采取定期与不定期相结合的活动原则。每学期定期召开 1 次全体会议，不定期举办各种形式的活动。

2. 家长委员会的活动形式包括：专题研讨会，观摩、参与学校重大活动等。

第六条　家长委员会的职能

1. 宣传职能：宣传党和国家的职教政策方针和学校的教育理念，弘扬尊重人才、尊师重教、关爱学生的社会风气。

2. 桥梁职能：沟通学校教育与企业教育、社区教育、家庭教育的联系，促进多方之间的互动和协调发展。

3. 教育职能：协助学校开展教育活动，指导家长对子女进行家庭教育。

4. 建议职能：为学校解决改革发展中遇到的问题，改善教育环境和办学条件，促进学校不断发展，建言献策。

5. 管理职能：参与和协助学校做好一定的管理工作。

第七条　家长委员会的权利

1. 知情权：有权知晓上级的教育政策、学校的办学目标、发展规划、工作计划、实施方略和教育现状。

2. 参与权：有权指导学校工作，参与学校的活动策划。

3. 监督权：有权作为其他家长的代言人，对学校的工作予以监督，有权对学校管理工作提出意见和建议。

第八条　家长委员会的义务

1. 了解和理解学校的教育理念、办学思想和育人目标，积极配合、参与学校开展的各类教育教学活动，协助学校加强科学管理。

2. 听取和反映家长的意见或建议，协调家长与学校的联系，接受家长的咨询和求助，并及时与学校反映沟通。

3. 力所能及地为学校的建设提供精神和宣传上的帮助和支持，发动家长共同帮助学校解决职业教育遇到的新问题。

4. 完成家长委员会布置的其他工作。

本办法自发布之日起实施，由学生处负责解释。

学生心理健康教育实施细则

为深入贯彻中共中央国务院《关于印发国家职业教育改革实施方案的通知》

《关于进一步加强和改进未成年人思想道德建设的若干意见》《公民道德建设实施纲要》，教育部《关于加强和改进中等职业学校学生思想道德教育的意见》《中小学心理健康教育指导纲要》等文件精神，结合学校工作实际，进一步规范和加强心理健康教育工作，特制定本实施细则。

一、指导思想

坚持以马列主义、毛泽东思想、邓小平理论和"三个代表"重要思想、科学发展观、习近平新时代中国特色社会主义思想为指导，贯彻落实习近平总书记关于教育的重要论述，坚持立德树人、育人为本，注重对学生的人文关怀和心理疏导。根据学生生理、心理发展特点和规律，运用心理健康教育的理论知识和方法技能，培养学生良好的心理素质，促进身心全面和谐发展。

二、基本原则

(一)科学性与实践性相结合

遵循学生身心发展规律和特点及心理健康教育的规律，科学开展心理健康教育。注重心理健康教育的实践性与实效性，切实提高学生心理素质和心理健康水平。

(二)日常预防与危机干预相结合

立足教育和发展，关注学生的心理动态，注重预防和解决发展过程中的心理行为问题，培养学生积极心理品质，挖掘他们的心理潜能。在应急和突发事件中及时进行危机干预，做好后续的稳定与疏导工作。

(三)面向全体学生与关注个别差异相结合

全体教师都要树立心理健康教育意识，尊重和平等对待学生，注重教育方式方法，了解和掌握全体学生的心理健康状况。关注个别差异，根据不同学生的特点和需要开展心理健康教育和辅导。

(四)教师的主导性与学生的主体性相结合

在教师的教育指导下，充分发挥和调动学生的主体性，引导学生积极主动关注自身心理健康，培养学生自主自助维护自身心理健康的意识和能力。

三、主要内容

(一)建立学生身心健康档案

新生入学后,由学生和家长共同填写《新生入学健康状况调查表》,学校对学生的当前和既往身心情况进行摸底调查,建立学生身心健康档案,并在学生处和学校医务室备案留存。

(二)开展学生心理健康普测

采取自愿原则,采用问卷、一对一访谈、焦点小组等形式,在学期开始以及学期末,对学生的心理健康状况进行了解,做好危机预防工作。通过问卷中的主客观题、访谈内容等,了解和掌握全体学生的心理健康情况,为心理健康教育工作提供参考和补充。

(三)开展学生个体心理辅导

1. 辅导地点为师生身心素质发展中心个体咨询室,在固定时间段开展辅导。

2. 两种预约方法,线上预约:扫描二维码填写预约问卷;通过班主任预约:学生在班主任处领取预约单和辅导须知进行预约。

3. 学生需经过预约才能接受辅导,咨询室原则上只接待已预约的来访者。临时提出辅导申请的,将根据预约情况另行安排辅导时间。

4. 至少提前1天(24小时)进行预约,咨询室根据预约信息进行合理安排,并及时通知具体的辅导时间。

5. 辅导时间确定后,学生应准时赴约。每次个体辅导40~50分钟。辅导时间开始后10分钟内保留该来访学生的预约时间,结束时间不顺延。无事先说明的,迟到10分钟以上,视为退约。

6. 如果在预约时间不能赴约,学生应提前12小时以上退约,可直接回复短信说明。

7. 一次辅导结束后,可预约下一次辅导的时间。

(四)开展心理兴趣社团活动

面向全体在校学生,招募并组织对心理学感兴趣,热爱探索自我、发展自我的学生定期开展心理健康成长活动。学生在活动中形成团结互助的团体,通过活动掌握一定的心理健康知识,学会认识自我、自助调适的方法,提高心理灵活性。通过社团活动,学生对心理探索保持好奇,更加热爱生活、珍爱生命。

本管理办法自发布之日起实施,由学生处负责解释。

学生就医管理办法

为保证学生身体健康,维护学校的正常教育教学秩序,严格落实北京市卫健委及教委相关文件指示精神,落实常态化疫情防控要求,加强医务管理,更好地为学生服务,特制定本办法。

第一条 医务室医生实行 24 小时值班制度。诊室门口铭牌写有当日值班校医的联系方式。学生按照"学生就医流程"(详见附件9)就诊。

第二条 学生应尽量在课余时间就诊。就诊学生均先到系部值班室(白天)或公寓值班室(夜间)填写就诊单并登记,就诊后交回就诊单第二联。夜间就诊须和本公寓值班老师请假。

第三条 常规就诊:到医务室常规就诊的学生须先到预检分诊室进行体温检测及信息登记,如果体温正常,可进入诊室进行二次体温检测和信息登记,体温正常后方可就诊。如发热,由校医带至医务室南侧应急处置室复测体温。

第四条 发热学生就诊:如果学生在班级或宿舍等公共场所测温已经发热,需由班主任或系部值班老师带学生直接到应急处置区,按响门铃,等候校医进行体温复测。

第五条 发热处置流程

1. 白天(8:00—16:00)处置流程:校医在应急处置室为学生复测体温后,如果发热,校医通知学生所在系部副主任,由系部副主任通知班主任,班主任联系学生家长或直接呼叫120,转诊至发热门诊就诊。班主任通知门卫打开救护车通道(学校东门)。同时,同班级学生转移至备用教室检测体温,原教室进行消毒。

2. 夜间(16:00—次日8:00)处置流程:校医在应急处置室为学生复测体温后,如果发热,校医通知总值班老师,由总值班老师通知系部值班老师,联系学生家长或直接呼叫120,转诊至发热门诊就诊。系部值班老师通知门卫打开救护车通道(学校东门)。同时,同班级或同宿舍学生转移至备用教室或宿舍检测体温,原教室或宿舍进行消毒。

3. 学生到发热门诊就诊后,班主任将诊断证明及核酸检测结果反馈系部,由系部反馈医务室,医务室上报学校疫情防控办公室和北七家社区卫生服务中心。如排除传染性疾病,待学生所有症状消失后可复课,如确诊传染性疾病,配合相关部门做好隔离、治疗、上报及流调工作。

第六条 学生就诊后，学生需要回宿舍休息或校外就医的，须由医生开具假条，并且经班主任或系部批准。

第七条 根据上级指示精神和应急情况，调整相应的就医办法。

第八条 对于急、重病患者，医务室需出诊治疗。学生需进行转诊治疗的，应及时通知学校总值班室和学生所在系部或班级，医务室出具转诊证明，学生按规定手续校外治疗。如需外出就医，学校需派车送医院就诊或呼叫120、999急救中心送诊。

第九条 就诊要求

1. 先分诊后就诊，按时间顺序依次排队就诊，保持良好秩序，不喧哗、不打闹，不擅自动用医疗器械。

2. 学生在就诊过程中，做好个人防护，规范佩戴口罩。

3. 遵守一医一患一诊室，每间诊室只允许一名学生进入，候诊的同学需在候诊区间隔一米等候，陪诊的同学需在楼外等候。

4. 假条只用于需要回宿舍休息或校外就医的学生。学生不得以其他原因向医生索要假条。

5. 升旗和上操期间只接诊看急诊的同学。

第十条 办法修订本管理办法根据需要不定期进行修订。相关部门均有权根据业务需要对本管理办法内容提出修改意见，并提交学生处。学生处负责收集整理相关部门提出的修改意见，并安排有关人员进行专题讨论，对修改信息进行全面评估后组织修订本管理办法及相关文件。

第十一条 本管理办法自发布之日起实施，由校学生处负责解释。

附件9- 学生就医流程

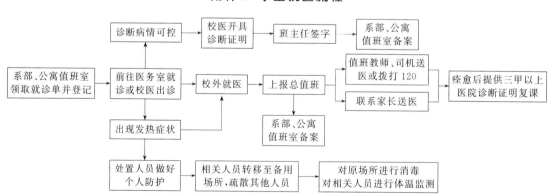

学生用餐管理规定

第一条　目的和意义

为认真贯彻落实北京市《关于疫情防控期间单位食堂餐饮安全监管工作的通知》精神和工作要求。有效防控疫情,确保学生全体师生和教职员的身体健康和生命安全。同时,文明用餐、节约用水、杜绝浪费,是学生日常文明礼仪最基本的要求。为了培养良好的生活习惯并保证用餐的有序进行,培养学生垃圾分类习惯,结合学生实际情况,北京市商业学校疫情防控工作组制定学生用餐管理规定。

第二条　实施办法

1. 自觉遵守学校作息时间,按时就餐,非用餐时间不得随意进入学生食堂,疫情防控期间学校实行错峰就餐制度,学生按照规定时间有序就餐。

2. 养成饭前洗手消毒、饭后漱口的好习惯,用餐后将餐具带到残食台,做好垃圾分类。

3. 自觉维护秩序,排队买菜、盛饭,不得插队拥挤。做到不聚集,保持人与人之间1米以上距离,按照学生食堂指示牌排队。

4. 学生食堂就餐实行分餐制,座位之间保持间距,严禁拆除餐桌上分隔板。学生用餐保持安静,有秩序地用餐。用餐时,禁止交谈,不随意离开座位,不恶意敲打餐具。

5. 珍惜劳动成果,厉行节约,不随便留剩饭剩菜,践行"光盘行动"。

6. 不得把肉骨头、鱼刺等残物留在餐桌上,按照垃圾分类原则统一倒入指定残食台。不把饭菜散落在桌上或地上。

7. 就餐结束后将餐具统一放在指定地方,不准随意带走餐厅里的餐具。

8. 自觉爱护餐具及食堂设施,若有损坏应自觉赔偿。

第三条　制度的修订

本管理办法根据需要不定期进行修订。相关部门均有权根据业务需要对本管理办法内容提出修改意见,并提交学生处。学生处负责收集整理相关部门提出的修改意见,并安排有关人员进行专题讨论,对修改信息进行全面评估后组织修订本管理办法及相关文件。

第四条　本管理办法自发布之日起实施,由学生处负责解释。

学生收取快递管理办法

第一条　目的和意义

1. 为落实和贯彻北京市委市政府关于新冠疫情防控相关政策，有效防控疫情，保障在校师生和教职员工的身体健康和生命安全，在疫情防控期间，学校加强对在校学生收取快递进行合理引导和疏解，特制定学生收取快递管理办法。

2. 学校倡导师生疫情期间减少物品采购，鼓励和引导学生在校内超市采购学习生活必需品。学校要做好校内超市相关物品和食品的供应。倡导师生在疫情期间尽量减少收寄快递数量。学生取件需全程佩戴防护口罩，有条件的可佩戴一次性手套。引导师生"立取立走"，避免在集中收发场所拆封快递件，减少人员聚集和拥堵。

第二条　实施办法

1. 学校实行校内快递收取"零接触"方式，在校内安装快递柜。快递柜每天定期消杀作业。

2. 严禁学生私自邀约校外快递人员进入校内接送快递件。

3. 严格限制快递柜收取时间，学生在规定时间内有序收取快递。

4. 校内设立快递集中管理站，学生按"一米线"排队领取快递，保持人与人之间1米以上距离。

5. 校园快递所有工作人员和勤工助学实习学生严格落实晨午晚检制度和健康申报制度，做好检测记录。

6. 学生在收取快递时需严格佩戴防护口罩，错峰领取快递。降低人员密集度，减少人与人直接接触的频率。

第三条　制度的修订

本管理办法根据需要不定期进行修订。相关部门均有权根据业务需要对本管理办法内容提出修改意见，并提交学生处。学生处负责收集整理相关部门提出的修改意见，并安排有关人员进行专题讨论，对修改信息进行全面评估后组织修订本管理办法及相关文件。

第四条　本管理办法自发布之日起实施，由学生处负责解释。

第三部分 考核评价

学生职业素养考核评价实施细则

第一章 总则

第一条 目的

为树立学生的职业意识，培育职业精神，规范职业行为，更好地对学生职业素养的成长情况进行评价和考核，促进学生全面可持续发展，实现学校"培养德能兼备现代职业人"的人才培养目标，特制定学生职业素养考核评价实施细则。

第二条 适用范围

本评分细则适用于北京市商业学校学生，包括普通中专班、"3＋2"中高职衔接培养学生、"3＋2＋2"中高本贯通联合培养学生。

第三条 规范性引用文件

1.《中等职业学校德育大纲（2014年修订）》；

2. 教育部、中宣部、中央文明办、人力资源社会保障部、共青团中央、全国妇联《关于加强和改进中等职业学校学生思想道德教育的意见》；

3. 中共中央国务院《深化新时代教育评价改革总体方案》；
4. 《中学生日常行为规范》；
5. 《中国学生发展核心素养》；
6. 北京市教育委员会《提升中职学生职业素养指导意见》。

第四条　术语和定义

职业素养是指工作者对社会职业了解与适应的一种综合能力，主要表现在职业兴趣、职业能力、职业个性及职业情况等方面。中职学生职业素养，借鉴了教育部中国学生发展核心素养及企业人力资源对"核心素养"的定义，即"中职学生应该具备的在工作中表现出来的符合职业内在标准要求的、支撑职业生涯发展的终身成长发展需要的，服务企业和社会发展的综合品质和能力"。从隐性的职业精神和显性的职业行为两个方面，确定为中职学生发展的20个职业素养指标（技术技能、学习能力、问题解决、遵规守纪、身心健康、执行能力、沟通表达、适应能力、信息能力、艺术审美、尚劳敬业、诚信友善、精益求精、团队合作、创新创业、人文底蕴、科学精神、安全环保、公共参与、国际理解）。

学生职业素养考核评价实施细则是对中职学生发展的20个职业素养指标内涵的解释与分级细化，明确了每一个职业素养指标的基本内涵、行为表现、评价标准，确定指标培养的认知、行为和情感态度价值观三维目标。

第五条　职责

1. 各科室

① 负责与其他相关部门共同设计制定实施计划、统筹实施。

② 对各系部学生职业素养考核评价工作进行指导、检查、监督、考评。

③ 秘书处设在学生处，对接平台设计公司，负责学校教师、学生培训以及系统平台的升级优化。

2. 各系部

① 负责本系班主任工作指导、培训、考核，学生职业素养评分的督办、审核。

② 负责学生日常职业素养考核评价。

3. 班主任

① 严格执行学生职业素养评分实施细则，对学生职业素养成长情况进行及时记录、统计和核算分数。

② 提醒学生随时查看职业素养护照平台，并开展有效的奖励和处罚。

4. 学生职业素养评分小组

① 各班成立学生职业素养考核评价小组，班主任任组长，组员包括班长、团支部书记和经全班学生公开推荐的两名学生代表，共计5人。

② 学生职业素养考核评价小组每月要按照评分细则实事求是地对班级每名同学认真评价。

第六条 评分标准

以北京市商业学校学生职业素养评价体系（数据平台）为载体，根据《学生职业素养护照学分体系》，将学生在校期间参与的各级各类活动确定为"课程、基础、专业、岗位、拓展"五个模块的20多个培养项目。依据培养项目的目标和内容，确定各项目侧重培养和考核的五个素养指标。

每个指标考核分数分为三个等级：三星级11～15分，四星级16～20分，五星级21～25分，某一素养得分根据学生在项目中的整体表现确定星级，并根据具体标准酌情给定星级区间内的某一分数。计分时，校级项目的加权系数为1，市级项目的加权系数为1.2，国家级项目的加权系数为1.5。

第一学期的最低分数标准为100分，第二学期的累计分数标准为200分……以此类推。每学期末无法达到最低分数标准的学生，由系部和班主任重点帮助和教育。

第二章 学生职业素养考核评价标准

第一部分 "职业行为"核心指标

一、技术技能

(一)基本内涵

运用专业的知识、方法、流程及技巧，使用相关工具，遵守规章制度，积极地完成某项职业活动。在专业学习和职业活动中表现出刻苦钻研、精益求精、开拓创新的精神。

(二)评价标准

三星级（11～15分）：
1. 学会职业活动必备的知识、方法、程序、规章制度；
2. 能够正确地选择、使用工具；
3. 能按照操作流程，安全、规范完成操作任务。

四星级（16～20分）：

1. 熟练掌握职业活动必备的知识、方法、程序、规章制度；
2. 能够有效选择、使用工具；
3. 能熟练按照操作流程，安全规范、积极主动地完成任务。

五星级（21～25分）：
1. 熟练掌握职业活动必备及相关的知识、方法、程序、规章制度；
2. 能够高效选择并熟练使用工具；
3. 能熟练按照操作流程，积极主动承担任务并发挥作用，创造性完成任务；
4. 获得技术技能相关评优与奖励，考取专业资格证书或职业能力证书。

二、学习能力

(一)基本内涵

学习能力就是从阅读、讲授、研究、实践中获得知识或技能的能力。在职业活动中具有有效的学习策略和方法、积极的学习态度、浓厚的学习兴趣和终生学习的意识。

(二)评价标准

三星级（11～15分）：
1. 从阅读、讲授、研究、沟通、实践中获得知识或技能；
2. 能够选择一定的学习策略和方法；
3. 学习与职业发展相关的知识和技能，能考取相关职业资格证书。

四星级（16～20分）：
1. 能快速、高效从阅读、讲授、研究、沟通、实践中获得知识或技能；
2. 能够选择合理有效的学习策略和方法；
3. 能够主动学习与职业发展相关的知识和技能，主动了解本专业发展趋势和未来岗位相关知识。

五星级（21～25分）：
1. 能快速、高效从阅读、讲授、研究、沟通、实践中获得知识或技能，并且能够取其精华去其糟粕；
2. 能够选择合理高效的学习策略和方法，并能坚持不懈；
3. 坚持学习与职业发展相关的知识技能，主动适应"互联网＋"等社会信息化趋势；
4. 能在学习能力的提高中体验获得感，体会学习带来的职业自信及人生幸福感。

三、问题解决

(一)基本内涵

问题解决是在问题空间中进行搜索,以便使问题的初始状态达到目标状态的思维过程。能够在学习和生活中发现问题、分析问题、提出假设、验证假设。

(二)评价标准

三星级（11~15分）：
1. 能够自主探究发现问题；
2. 能够准确表达问题及需求；
3. 能够分类整理问题。

四星级（16~20分）：
1. 能运用所学知识分析问题出现的原因；
2. 能根据原因，搜索筛选有助于解决问题的信息；
3. 能选择并使用恰当的工具协助解决问题；
4. 参与解决问题的过程，总结学习经验。

五星级（21~25分）：
1. 能透过问题看本质，提炼问题关键因素；
2. 能够协调利用身边的资源解决问题；
3. 能运用经验、信息及工具制定解决问题的策略，成功解决问题。

四、遵规守纪

(一)基本内涵

遵规守纪就是在学习、工作、生活中必须遵守相应的规章制度和法律纪律，禁做违纪或违法的事情，在职业活动中表现出自觉性、规范性。

(二)评价标准

三星级（11~15分）：
1. 了解学习、生活和职业活动中制定的各项规章制度；
2. 能够遵守各项规章制度；
3. 没有出现严重违纪行为。

四星级（16~20分）：

1. 熟知学习、生活和职业活动中制定的各项规章制度；
2. 能够较好地遵守各项规章制度；
3. 没有出现违纪行为。

五星级（21~25分）：
1. 牢记学习、生活和职业活动中制定的各项规章制度；
2. 自觉地遵守各项规章制度；
3. 没有出现任何违纪行为，获得遵规守纪方面的评优与奖励。

五、身心健康

(一)基本内涵

身心健康是指身体健康、心理健康及能够适应社会的良好状态，是人们正常学习、工作和生活的必备条件。要能从个人幸福、国家强盛的高度认识到身心健康的重要性。

(二)评价标准

三星级（11~15分）：
1. 学习掌握锻炼身体、调节心理的方法和技能；
2. 养成健康的行为习惯和生活方式，能担负日常学习、工作、生活；
3. 处事乐观，态度积极，能保持情绪稳定与心理平衡，对外界的刺激反应适度，行为协调。

四星级（16~20分）：
1. 通过多种途径，学习掌握锻炼身体、调节心理的方法和技能；
2. 养成健康的行为习惯和生活方式，有充沛的精力，能担负繁重的日常学习、工作、生活；
3. 正确对待生活、工作中的缺陷和挫折，处事乐观，态度积极，勇于承担责任，情绪稳定、心理平衡。

五星级（21~25分）：
1. 通过多种途径，学习掌握锻炼身体、调节心理的方法和技能，并能持之以恒；
2. 处事乐观，态度积极，勇于承担责任，保持情绪稳定、心理平衡和乐观向上的人生态度，做到"胜不骄，败不馁"；
3. 能以诚恳、平等、谦虚、宽厚的态度对待他人，保持良好的人际关系。

第二部分 "职业行为"拓展指标

六、执行能力

(一)基本内涵

学生的执行能力就是学生在日常生活和学习过程中,能够按规定标准和要求,准确认真、高质量、高效率地执行学校各部门教育、教学的方针、政策和决议或者完成老师布置工作或者完成服务对象交代任务的能力,具有时效性和有效性。

在职业活动中表现出积极主动、认真负责、注重细节、敢于创新、团队合作的精神。

(二)评价标准

三星级(11~15分):
1. 能够处理问题,有拖延问题,应变能力一般;
2. 能大致按要求执行,不太注重细节,偶尔有差错发生;
3. 工作效率低,需要别人帮助才能完成工作、任务。

四星级(16~20分):
1. 能够较好地处理问题、会拖延但问题不严重,具有应变能力;
2. 能按要求执行,比较注意细节,偶尔有差错发生并能迅速改正;
3. 工作效率尚可,能分清主次,能够按时完成工作、任务,基本保证质量。

五星级(21~25分):
1. 能够果断处理问题、不急躁,做事不拖延,具有较强的应变能力;
2. 能够按要求严格执行,并保证在每个细节上减少差错;
3. 工作效率高,完成工作、任务速度快,质量高,实现期望的结果。

七、沟通表达

(一)基本内涵

是指将准确信息有效地通过语言传递给相关对象,以期做出相应反应的过程。

(二)评价标准

三星级(11~15分):
1. 学会职业活动必备的知识、方法、程序、规章制度;
2. 能够正确使用语言、文字;

3. 能准确传递给相关对象。

四星级（16～20分）：

1. 熟练掌握职业活动必备的知识、方法、程序、规章制度；
2. 能够有效使用语言、文字；
3. 能够准确且有效地传递给相关对象。

五星级（21～25分）：

1. 熟练掌握职业活动必备及相关的知识、方法、程序、规章制度；
2. 能够高效选择并熟练使用语言、文字；
3. 能够准确且高效地将信息传递给相关对象，达到良好的效果。

八、适应能力

(一)基本内涵

运用社会、校园提供的相关服务设施，使用相关设备，遵守道德规范，积极地完成某项职业训练活动，具备专门的劳动能力和社会交往能力。在职业活动中表现出挑战自我、积极进取的精神。

(二)评价标准

三星级（11～15分）：

1. 学会基本的相关服务设施的使用；
2. 遵守学生日常行为规范、礼仪规范，遵守道德规范；
3. 能够主动了解所学专业，不怕困难，积极解决问题。

四星级（16～20分）：

1. 能够主动完成专业训练的任务，并取得阶段性的成绩；
2. 遇到问题能主动反思自己行为，不逃避、不推诿；
3. 善于体察别人的利害关系和有关情况。

五星级（21～25分）：

1. 能善于倾听多方意见，及时调整自己的工作思路和方法；
2. 在紧急工作情景下，能迅速分析问题，想出多种解决问题的方案；
3. 能和不同个性的人一起协作共事，适应自己的上级、同事的工作风格和客户的服务要求。

九、信息能力

(一)基本内涵

合理利用信息技术获取、处理并恰当使用信息的能力。在职业活动中具备对已知信息鉴别、分析、挖掘，找到信息真实、潜在的价值和意义并综合运用，以创造新知识的能力；可以根据职业岗位的需要利用各类信息技术工具搜集信息、处理信息、传递信息、发布信息和表达信息。

(二)评价标准

三星级（11～15分）：
1. 能在遇到问题时，知道需要某种信息，乐意去查找和收集信息；
2. 能对收集到的信息进行正确的判断、识别，并加以使用；
3. 了解查找信息的各种途径、方法，并能合理运用信息技术；
4. 在学习和工作中，能对信息进行恰当表达。

四星级（16～20分）：
1. 在职业活动中，能充分利用新的信息技术来获取和处理所需的信息；
2. 能在遇到问题时，知道需要某种信息，乐意去查找和使用信息；
3. 掌握查找信息的各种途径和方法，具备组织、分析、鉴别、评价信息价值的能力；
4. 能有效地利用信息来解决实际问题。

五星级（21～25分）：
1. 能根据职业活动目标，选择适当的手段，自主地、不遗漏地收集信息；
2. 能对收集到的信息进行正确的判断和识别；
3. 能根据职业活动的目的、特点，选择合适的方法和形式表达信息；
4. 能对信息正确理解、深入分析、恰当处理，获取深层次、有意义的信息；
5. 能基于对学习和工作的认识、思考、意见，从而创造新信息；
6. 能根据职业活动需要，基于信息受众的立场，在信息处理的基础上，对信息进行发布与传递；
7. 发表论文、公开讲演、新媒体发布，考取信息技术相关专业资格证书或职业能力证书。

十、艺术审美

(一)基本内涵

艺术审美是对美的事物和现象的观察、感知、联系、想象，乃至理解、判断等一系列思维活动，能够领会事物或艺术品的美，激发自身对美的情感体验和积极向往。

(二)评价标准

三星级（11～15分）：

1. 了解本专业和将要从事行业的职业仪容服饰标准；
2. 学习所在专业领域相关的艺术知识、技能与方法；
3. 能够辨别真善美与假丑恶，懂得珍惜美好事物，从细节和日常之中获得审美体验。

四星级（16～20分）：
1. 能够熟练掌握本专业和将要从事行业的职业仪容服饰标准；
2. 能够熟练掌握所在专业领域相关的艺术知识、技能与方法；
3. 能够辨别真善美与假丑恶，体会工作和生活中人与自然关系的和谐美，并拓展和升华美。

五星级（21～25分）：
1. 能够熟练掌握本专业和将要从事行业的职业仪容服饰标准，结合自身情况，做到服饰合宜，注重仪表，讲究卫生，言行得体，具备良好的家庭美德、职业道德和社会公德；
2. 能够熟练运用所在专业领域相关的艺术知识、技能与方法，具有艺术表达和创意表现的主动兴趣和意识，具备发现、感知、欣赏、评价美的意识，拥有生成和创造美的能力；
3. 能够辨别真善美与假丑恶，体会工作和生活中人与自然关系的和谐美，自觉培养艺术素养和文学修养，提升工作与生活的品质。

第三部分 "职业精神"核心指标

十一、尚劳敬业

(一)基本内涵

勤于劳动，尊重劳动，热爱劳动，敬重自己的职业，能以乐业、勤业、精业的职业态度对待所学专业和本职工作，能充分认识到本职业的社会意义和价值，尽职尽责，甘于服务奉献。

(二)评价标准

三星级（11～15分）：
1. 按要求完成专业学习、实习实训等课业任务；
2. 能参加并完成学校组织的日常性劳动；
3. 参与并帮助家人完成家务劳动；
4. 能按照要求完成值周等岗位实践任务；
5. 按时到校上课，认真参与课堂，完成课内外学习任务；
6. 了解本专业对应岗位所需的技能和职责。

四星级（16～20分）：

1. 在学校能主动、积极参与班级、宿舍等学校劳动活动；
2. 能按照8S标准完成专业学习、实习实训任务；
3. 在家里主动、积极帮助家人、并高质量完成家务劳动；
4. 基本具备烹饪、缝纫等基本生活技能；
5. 熟知本专业对应岗位所需的技能和职责，积极关注本专业行业发展动向和趋势；
6. 勤学苦练专业技能，积极钻研，不断提高技能水平。

五星级（21～25分）：

1. 能按8S标准，高质量完成专业学习、实习实训等课业任务；
2. 勇于克服专业实习实训中的困难，在技能上精益求精，磨砺工匠精神；
3. 热心参与社会公益劳动；
4. 积极主动学习新知识、掌握新技能，持续提升岗位能力。做到干一行、爱一行、专一行；
5. 具备烹饪、缝纫等基本生活技能。

十二、诚信友善

(一)基本内涵

在学习、生活和社会实践中，信守承诺，表里如一，不作假、不说谎、践行约定不食言。谦敬礼让、帮扶互助、志同道合、携手奋进，珍惜资源、关爱自然。在职业活动中表现出诚实劳动、践行承诺、真诚友善的精神。

(二)评价标准

三星级（11～15分）：

1. 按时到校上课，不迟到，不早退，独立完成作业，遵守考试纪律；
2. 真诚面对老师、家长和同学；信守诺言，答应了别人的事一定要去做；
3. 尊重、关心、帮助同学，与同学和睦相处。

四星级（16～20分）：

1. 勤学苦练专业技能，不投机取巧、偷奸耍滑，做到诚实劳动；
2. 积极参与专业社会实践，谦敬礼让、帮扶互助，认真完成社会实训任务。

五星级（21～25分）：

1. 能够充分认识到诚信友善的积极意义，在企业实习中自觉履行诚信友善的道德规范要求；
2. 在企业实习中做到诚信服务，信守约定，童叟无欺；
3. 在工作中能以善相待，勠力同心、完成工作任务。

十三、精益求精

(一)基本内涵

指对技能或学术的追求没有止境,具有责任感、事业心,在职业活动中注重细节、追求卓越、精雕细琢的精神,培养认真踏实、专业专注、一丝不苟且孜孜不倦的工作态度。能够有耐心、专注、坚持地学习钻研,不断提高自身的素养,在本职工作中弘扬工匠精神。

(二)评价标准

三星级(11~15分):
1. 了解所在专业领域精英们最高工作标准、最先进技术设备、同一层级内最优成绩、行业发展动向;
2. 能够对作业或作品修正,注重细节;
3. 了解工匠精神的内涵,理解工匠精神的重要性。

四星级(16~20分):
1. 掌握所在专业领域精英们最高工作标准、最先进技术设备、同一层级内最优成绩、行业发展动向;
2. 能够有耐心、专注地对作业或作品进行修正,注重细节;
3. 熟知工匠精神的内涵,掌握工匠精神的重要性。

五星级(21~25分):
1. 熟练掌握所在专业领域精英们最高工作标准、最先进技术设备、同一层级内最优成绩、行业发展动向;
2. 能够严格要求自己,工作执着,耐心、专注、坚持地对作业或作品精心修正,注重细节,追求完美,不轻易放过任何问题;
3. 能够积极参加技能培训,勤学肯钻,在工作中弘扬工匠精神。

十四、团队合作

(一)基本内涵

由两人或两人以上具备相关技术技能的群体,合理利用每一个成员的知识和技能协同工作,解决问题,达到共同的目标。在活动中表现出自觉主动、无私奉献、互补互助的精神。

(二)评价标准

三星级(11~15分):

1. 掌握初步的技术技能；
2. 能够服从管理；
3. 自觉完成他人布置的任务。

四星级（16～20分）：
1. 熟练掌握相关的技术技能；
2. 能够积极配合他人的工作；
3. 具有一定的责任意识。

五星级（21～25分）：
1. 熟练掌握相关的技术技能，具有引领作用；
2. 能够组织活动并具备高效的执行力；
3. 具有强烈的主人公意识，积极主动协助他人，带动团队高效地完成任务。

十五、创新创业

(一)基本内涵

创新是再创造。运用已知的信息突破常规，发现或产生有社会价值的活动。创业是创业者为了实现其特定目标而开展的将不同资源组合利用、搜寻和捕获商业机会并由此创造新颖产品或服务的过程。在职业活动中表现出敢于质疑、勇于独创的精神。

(二)评价标准

三星级（11～15分）：
1. 在课堂上认真学习，主动、独立思考老师提出的问题。善于发现、解决问题；
2. 在学习中善于举一反三，开拓自己的创新思维，尝试做一些小发明、小创造。

四星级（16～20分）：
1. 苦练专业技能，寓学于做，善于发现问题、解决问题；
2. 深入学习专业技能，努力学习新方法、新工艺，在传承的基础上进行创新；
3. 增强知识技能储备，具备必要的创业能力。

五星级（21～25分）：
1. 将知识融入实践，了解创业机会，把握创业风险，掌握创业模式开发的过程、设计策略及技巧等；
2. 转换思维模式，努力把自己的各种创意以创业的形式转变为现实。

第四部分 "职业精神"拓展指标

十六、人文底蕴

(一)基本内涵

运用掌握的人文思想中蕴含的认识方法和实践方法,欣赏、学习、借鉴世界各地优秀文化与文明成果,树立以人为本观念,养成尊重、维护人的尊严和价值、关切人的生存、发展和幸福的人文情怀。

(二)评价标准

三星级(11~15分):
1. 了解传统文化形成的历史进程;
2. 每年阅读文史哲方面书籍不少于20万字,并能发表简短口头评论;
3. 能够诵读古今中外经典文学作品,感悟作品中所蕴含的生命形态与思想内涵;
4. 学习一种艺术形式;
5. 参与多元文化交流活动。

四星级(16~20分):
1. 了解世界文明形成的历史进程;
2. 每年阅读文史哲方面书籍不少于30万字,并能发表简短文字评论;
3. 熟练诵读古今中外经典文学作品,感悟作品中所蕴含的生命形态与思想内涵;
4. 掌握一种艺术形式,领略其中蕴含的文化;
5. 积极参与多元文化交流活动。

五星级(21~25分):
1. 熟悉世界文明及传统文化形成的历史进程,并能发表自己见解;
2. 每年阅读文史哲方面书籍不少于50万字,并能撰写评论文章;
3. 熟练诵读古今中外经典文学作品,表达作品中所蕴含的生命形态与思想内涵;
4. 熟练掌握一种艺术形式,并能表达其文化内涵;
5. 作为主要参与人,参与多元文化交流活动。

十七、科学精神

(一)基本内涵

总体来说,科学精神是指科学主体在具体科学活动中经长期陶冶和积淀的价值观念、思维方式及行为准则等方面的总和。具体来说，就是以习近平新时代中国特色社会主义思想为指导，全面贯彻党的十九大精神，以塑形铸魂未来科学家精神为抓手，激励和引导学生爱国奉献、追求真理、拼搏奋进、敢于创新、学会独立思考和判断，塑造爱国、创新、求实、奉献、协作、育人的高尚品格，在职业科学活动中表现出探索研究精神、判断推理精神和实践创新精神。

(二)评价标准

三星级（11～15分）：
1. 能够较好掌握（职业领域）科学活动基本的科学知识和信息技术；
2. 经过指导，能够较好地掌握某项科学技术技能，具备创新意识；
3. 能够做到求真务实，夯实所学基础技能，较好地操作完成相关科学任务。

四星级（16～20分）：
1. 能够熟练掌握（职业领域）科学活动必备的科学知识和信息技术；
2. 经过指导，能够熟练地掌握某项科学技术技能，并有所创新；
3. 能够熟练掌握操作流程，安全规范、积极主动地操作完成相关科学任务。

五星级（21～25分）：
1. 能够活学活用（职业领域）科学活动所必备的及相关的科学知识和信息技术；
2. 能够高效熟练掌握多项科学技术技能，具备与前沿科技相关的丰富知识；同时，能够熟练掌握操作流程、自主创新完成相关科学任务；
3. 获得与科学技术技能活动相关的评优与奖励，考取相关专业资格证书或职业能力证书。

十八、安全环保

(一)基本内涵

掌握专业的基本安全和环境保护科学知识，具备相关意识、素养和行为，并贯穿于职业活动中。在职业活动中能够规范操作，对出现的危险情况进行判断，并选择及时的解决措施，降低伤害与危险。

(二)评价标准

三星级（11～15分）：
1. 学会专业的基本安全和环境保护的科学知识；
2. 能够在职业活动中体现安全环保意识，在行为中表现；
3. 能规范操作，判断出职业活动中的危险情况，并选择及时的解决措施，降低其伤害和危险性。

四星级（16~20 分）：

1. 熟练掌握专业的基本安全和环境保护的科学知识；

2. 能主动将安全环保意识和行为贯穿职业活动始终；

3. 能规范按照操作流程，熟练、正确地完成任务，及时有效解决问题，将危险与伤害降到最低。

五星级（21~25 分）：

1. 熟练掌握职业活动必备的专业基本安全和环境保护的科学知识；

2. 能主动有意识地将安全环保意识和行为贯穿职业活动始终；

3. 能规范地按照操作流程，在确保职业活动的科学、合理、简便的基础上，熟练、正确、积极地完成任务；

4. 能预判职业活动中的危险情况，并选择有效预防措施，避免危险与伤害发生。

十九、公共参与

(一)基本内涵

指参与政治，关心公共利益，关注社会公益，能够通过积极主动地参与公共事件、行善举等，为他人和社会公众提供某种服务和帮助，或推动决策产生的行为。包括物质上的给予和精神上的关爱，或宣传某种理念等，为唤醒和提升自身及大众内心的善念、为社会的和谐、为帮助弱势群体的成长等做出贡献等。

(二)评价标准

三星级（11~15 分）：

1. 了解社会公众的福祉和利益的具体内容；

2. 知道做好事、行善举、公共参与活动的重要性；

3. 了解自身特长，掌握必备的技术技能。

四星级（16~20 分）：

1. 熟练掌握并能运用自己的专业知识和技能掌握必备的技术技能；

2. 主动参与志愿服务等公共参与性活动；

3. 能够为身边人和社会公众提供某种服务和帮助。

五星级（21~25 分）：

1. 积极发挥个人特长，利用专业技术技能，为身边人和社会公众提供某种服务和帮助；

2. 积极传播正能量，为唤醒和提升自身及大众内心的善念、为社会的和谐、为帮助弱势群体的成长等做出贡献；

3. 热心策划、宣传和实施企业公益项目，为提升企业形象，提高企业的知名度、美誉度贡献力量。

二十、国际理解

(一)基本内涵

指个体对国际动态、多元文化、人类共同命运等方面的认知和关切。具有开放、共赢、共享、共生的心态;理解人类命运共同体的内涵与价值;理解、尊重和包容文化的多样性。

(二)评价标准

三星级（11~15分）：
1. 关注班级、系部、学校重要活动,并参与其中;
2. 明白换位思考、多角度思考的重要意义;
3. 关注所在专业、行业的世界发展动态;
4. 能够节约资源、爱护环境,有国际公民责任感。

四星级（16~20分）：
1. 积极参加校园活动和社会实践;
2. 能换位思考、多角度思考、分析问题,尊重不同人之间等各方面的差异,求同存异;
3. 做到节约资源、爱护环境,有良好的国际公民责任感。

五星级（21~25分）：
1. 积极参与并组织开展校园文化活动和实践活动;
2. 能较好地站在他人角度考虑、处理问题;
3. 尊重与他人各方面的差异,乐于帮助他人;
4. 很好的认同所处环境中的优秀文化,做好传承和发扬,有较强的公民责任感。

 班级十项百分赛检查评分细则

一、目的意义

为了提升我校学生综合职业素养,培养德能兼备现代职业人,加强班级建设,营造班级良好风气,培养学生责任意识、团队合作精神、劳动习惯和品质,关心班集体，维护班集体的荣誉。结合"学生职业素养护照"培养模式，现将班级常规工作归纳为十项内容，分别量化，以百分竞赛的形式进行班级考核评比，达到每日目标量化管理的目的。

二、实施办法

(一)检查方法

1. 以各系部副主任、干事与学生处为主体评价，学生处定期检查和随机抽查相结合，分组联动；学生管理系统实行月查，学生处周查，系部日查；系部级、校级、校总值班每日巡察、检查。

2. 从高到低，从整体到局部，在常规检查基础上，突出阶段性重点、难点问题，进行定期、定点、专项等检查，排查存在的隐患，解决存在的各种学生教育管理问题。

(二)检查分工

1. 安全训练：由学生处、系部和学生会安全部负责检查。
2. 校园秩序：由学生处、系部和学生会纪检部负责检查。
3. 升旗、课操：由学生处、系部和学生会体育部负责检查。
4. 班级"8S"：由学生处、系部和学生会生活部负责检查。
5. 自习训练：由任课教师、系部和学生会学习部负责检查。
6. 晨读训练：由任课教师、学生处、系部和学生会学习部负责检查。
7. 礼仪训练：由学生处、系部和学生会有关部门检查。
8. 考勤：由学生处、系部和学生会秘书处负责检查。
9. 技能训练：由系部和学生会有关部门检查。
10. 公寓"8S"：由学生处学生公寓管理办公室和学生会公管部负责检查。

(三)实施方法

1. 采取日查日公布，周查周公布，月总评的办法。
2. 各项检查实施百分制，各项成绩汇总时按各项所占比例计入总分，总分100分。
3. 在实施过程中，单项扣分，扣完为止，安全项除外，可有负分。
4. 实行班级月总评分加减办法。
5. 总评及竞赛管理。
(1) 每月由学生处、系部及学生会、学生会分会分别综合各班总评状况。
(2) 各班月总评实际得分，系部日查分数占60%，学生处检查和抽查分数占40%，合计总分作为班级奖励的依据。

(3) 月总评分数

90 分以上的班级为优，同时为优秀班级；

80 分至 90 分（不含 90 分）的班级为良；

70 分至 80 分（不含 80 分）的班级为中；

70 分以下（不含 70 分）的班级为差，同时为不合格班级。

(四)项目内容及量化指数：

序号	项目	内容要求	量化指数
1	班级 8S 管理	1. 整理、整顿、齐整、有序 2. 清扫、清洁、干净、规整 3. 节约、节能	10%
2	公寓 8S 管理	1. 干净整齐 2. 文明守纪 3. 安全节约 4. 团结友爱	10%
3	晨读训练	1. 仪容仪表规范 2. 晨训效果佳 3. 学生出勤率高	10%
4	礼仪训练	1. 礼仪、着装规范 2. 语言、行为文明	10%
5	安全训练	1. 排查安全隐患 2. 保证个人和集体无事故	10%
6	升旗、课操训练	1. 学生出勤率高 2. 集合、解散快、静、有序 3. 课间操质量达标	10%
7	技能训练	1. 学生出勤率高 2. 组织有序	10%
8	自习训练	1. 学生出勤率高 2. 自习内容明确 3. 遵守纪律，认真学习，充分利用自习时间，效果好	10%
9	考勤管理	1. 病事请假，无迟到早退 2. 考勤员及时、准确、如实报考勤	10%
10	校园秩序	1. 课间、集会、就餐、课外活动、乘车等秩序好 2. 文明有礼，遵规守纪	10%

三、检查评分细则

★班级百分赛十项检查内容

(一)班级 8S 管理（100 分 总分占比 10%）

班级教室是师生相互交流，学生日常学习的场所。学生在校的大部分时间是在教室中度过的，教室环境是否科学合理，直接影响着学生的身心健康以及学习方式和效果。创造一个良好的学习环境和秩序是班级管理中一项非常重要的工作。因此，我们对各班按照班级8S管理实施标准进行检查。

班级8S管理侧重检查整理、整顿、清洁、清扫、节约五项内容，此外还包含班级清洁区卫生的检查，以下各项达到要求不减分，否则减分。

1. 班级教室卫生及保洁（50分）

按检查细则执行（百分制），依次数加权平均。

（1）整理、整顿（20分）

整理：就是区分班级教室内所有物品的必需品和非必需品，并清除后者。将混乱状态改变为井然有序。

整顿：就是将班级教室内教学用品、各类用具、设施设备、桌椅储柜等进行整顿，或长效定位、用后复位，确保各类工作用具的正常使用。

① 前柜内干净整齐（4分）

② 多媒体清洁无杂物（4分）

③ 桌斗课本、用具码放整齐（4分）

④ 后柜物品码放齐整（4分）

⑤ 暖气整理无杂物（4分）

（2）清扫、清洁（30分）

清扫：就是保持班级教室环境和教室设施设备无垃圾、无灰尘、干净整洁状态。

清洁：就是将班级教室整理、整顿、清扫进行彻底、持之以恒，并且制度化、公开化、规范化。

① 门窗玻璃洁净（4分）

② 前后储柜面干净、整洁（5分）

③ 桌椅摆放整齐、保持清洁（5分）

④ 窗帘使用合乎标准（4分）

⑤ 地面清洁无杂物（5分）

⑥ 黑板洁净（5分）

⑦ 墙体、电视、空调设备使用合理（2分）

另：安全见安全训练检查标准、要求。素养、服务见礼仪训练检查标准、要求。

2. 班级环境卫生区（校园环境卫生及保洁）（30分）

（1）按时完成班级负责卫生区环境清扫，无杂物，无垃圾（2分）

（2）全天注意巡查保洁（10分）

如有以下违纪行为，在班级"8S"总分中再减分：

（1）禁止带食物进教学楼，经检查，教室内有食品，当天卫生分数为0分

（2）教室课间保洁，经检查，不合格，减10分

（3）乱放垃圾，乱扔废弃物或从楼上泼水、扔东西，减20分

（4）班级学生不配合学生会生活部检查行为，减 10 分

3. 节约（20 分）

节约就是勤俭节约，爱护班级教室里的一切财产，节约各类资源，以校为家共同发展，打造节约型校园。

（1）教室电器设备（多媒体黑板、空调、照明灯、电视机、电源开关）的使用符合节约标准（5 分）

（2）爱护教室固定物品，及时收集、处理废弃矿泉水瓶和废弃书籍（5 分）

（3）注意节约教学材料用具（粉笔、清扫工具、纸张等）（5 分）

（4）做到节水、节能（多媒体黑板、空调、照明灯、电视机、电源开关使用规范）（5 分）

（二）公寓 8S 管理（100 分总分占比 10%）

按检查细则执行百分制，依次数加权平均。

公寓是在校学生生活和休息的主要场所，学生的一半时间是在公寓度过的。为科学合理、有效地管好公寓，营造良好的校园环境，实现"温馨、高雅、整洁、同学、团结、文明、守纪"的公寓建设目标，特将公寓 8s 管理标准纳入班级十项百分赛评比中。

1. 整理整顿（34 分）

（1）床上：单平被方无变色，床上不许放杂物（16 分）

（2）床下：无灰尘，鞋跟朝外，码放整齐（4 分）

（3）暖瓶、桌凳：固定位置摆放整齐，桌凳清洁，不放杂物，排列整齐（6 分）

（4）盆架：无灰尘无积水，摆放整齐，毛巾一致（4 分）

（5）柜门衣柜：衣柜整齐，柜顶书架无杂物（4 分）

2. 清洁清扫（16 分）

（1）室内地面：无积水无杂物（4 分）

（2）门窗镜：明亮、整洁、无灰尘，开窗通风（4 分）

（3）墙壁：墙壁无乱贴，电话架无乱写乱画（4 分）

（4）室外环境：楼道干净无杂物（4 分）

3. 安全（20 分）

（1）电器类：按规定使用电灯、空调（2 分）

（2）个人财务：锁好个人抽屉、柜门、宿舍门（2 分）

（3）不违规手机充电（4 分）

（4）不吸烟喝酒（6 分）

（5）不携带违纪物品进入公寓（6 分）

4. 素养（10 分）

（1）遵守作息时间、按时熄灯（2 分）

（2）按时签到（2 分）

(3) 不与同学发生冲突，使用文明用语（3分）

(4) 文明礼貌，尊敬老师（3分）

5. 节约（10分）

(1) 不浪费水、电（5分）

(2) 不故意损坏家具设施，如有破损及时报修，损坏赔偿（5分）

6. 服务（10分）

(1) 同学间团结互助（5分）

(2) 同学关系和谐融洽（5分）

(三)晨读训练（100分总分占比10%）

各班按要求有计划、有目的地读书，每天组织晨读训练，学校负责检查考核各系部学生晨训情况，检查成绩记入班级十项百分赛。

内容如下：

1. 声音洪亮（20分）

2. 朗读形体和着装标准（20分）

(1) 朗读形体：坐姿或站姿规范（10分）

(2) 着装标准：（10分）

3. 晨训委员规范（20分）

(1) 普通话标准、朗读水平较高（5分）

(2) 有组织能力、班级晨读秩序良好（10分）

(3) 晨训委员在指定位置示范指导（5分）

4. 素养（20分）

班级学生配合老师和学生干部管理，不抵触、拒绝老师和学生干部进班检查（20分）

5. 班级考勤（20分）

学生无迟到、早退情况，迟到早退1人次扣5分（20分）

(四)礼仪训练（100分总分占比10%）

各班按照制定的礼训实施方案，组织、指导学生进行礼仪训练，学校负责检查考核各系部学生礼训情况，检查成绩记入班级十项百分赛。

1. 仪容仪表（20分）

(1) 男、女生发式符合学校标准（10分）

(2) 不烫发、染发，不留怪异发型（10分）

2. 校服着装（30分）

(1) 校服着装规范（10分）

(2) 佩戴胸卡，未佩戴胸卡一人扣1分（10分）

(3) 不佩戴饰物（10分）

3. 语言文明（20 分）

（1）不大声喧哗（10 分）

（2）不说脏话，不说带有侮辱性语言（10 分）

4. 行为得体（10 分）

（1）不穿拖鞋、时装鞋进入教学楼（5 分）

（2）行为得体、不勾肩搭背、排队插队等行为（5 分）

5. 礼训达标（20 分）

（1）不无故缺勤，按规定时间进行训练（10 分）

（2）不做与礼训无关的事情（10 分）

(五) 安全训练（100 分总分占比 10%）

加强教学区域安全防范，关注、预防、杜绝、消除一切安全隐患，保障学生个人及班集体无事故，创造良好的教学环境。

1. 教学区域安全（40 分）

（1）教室及实训室无人使用时及时锁门窗、拔插销（10 分）

（2）按规定乘坐电梯（10 分）

（3）非特殊情况下教学楼熄灯后（晚 9：30）不在教学区域滞留（10 分）

（4）非特殊情况下不带非本校人员进入教学区域（10 分）

2. 在教学区域指定位置张贴安全疏散图、安全期刊（10 分）

3. 活动安全（20 分）

（1）教室及实训室上下课、出操期间不挤撞他人，以免造成安全隐患（10 分）

（2）活动集会及疏散演习听从指挥撤离（10 分）

4. 物品安全（30 分）

（1）严禁携带烟酒管制刀具、易燃易爆等危险物品（10 分）

（2）不违规用电及擅自使用电器设备（10 分）

（3）不擅自动用消防设施及设备（10 分）

(六) 升旗、课操训练（100 分总分占比 10%）

学校每天组织升旗和课间操训练，并且进行检查考核，检查成绩记入班级十项百分赛。

1. 升旗（30 分）

（1）按时参加全校每天升旗仪式，不无故缺勤（10 分）

（2）迅速到达指定位置，集合快、静、有序（10 分）

（3）升旗必须穿校服、佩戴胸卡，态度严肃（10 分）

2. 课间操（50 分）

（1）集合要求：快、静、齐、有序（20 分）

（2）做操质量（30 分）

广播操要求：动作节奏整齐一致，动作到位，队形整齐

跑操要求：跑操方阵前后左右整齐一致，精神饱满，步伐一致

3. 退场（20分）

课间操结束后，体育委员带整队并快速退场（20分）

(七) 技能训练（100分总分占比10%）

为培养"德能兼备"的现代职业人，必须加强学生技能训练，并将技能训练的检查考核纳入班级十项百分赛。

1. 技能训练课（50分）

（1）人员整齐，无迟到、早退，无旷课（30分）

（2）组织有序，训练态度端正（20分）

2. 专项技能训练（50分）

（1）主动组织人员训练（30分）

（2）人员整齐，训练态度端正（20分）

(八) 自习训练（100分总分占比10%）

自习训练主要是指晚自习的训练，要求学生上好自习，学校加强管理和考核，并将自习训练的检查考核纳入班级十项百分赛。

1. 考勤（30分）

（1）无迟到、早退学生，迟到或早退1人扣5分（20分）

（2）考勤员及时、如实上报考勤（10分）

2. 秩序（30分）

（1）不离开座位打闹，不随意进出教室（15分）

（2）自习期间不趴桌子、说话，不接打电话，不玩手机及其它电子设备（15分）

3. 学习内容（40分）

（1）在学校规定时间段收看新闻联播（10分）

（2）在学校指定时间内收看学校统一播放的学习资料，并完成相关课后作业（20分）

（3）按时完成任课教师、学校和系部预留作业（10分）

(九) 考勤管理（100分总分占比10%）

为培养学生遵规守纪的品质和责任意识，必须加强考勤的管理，将考勤检查考核纳入班级十项百分赛。

1. 周末和节假日后返校（30分）

（1）返校不迟到（15分）

（2）按时、如实上报考勤（15分）

（3）考核月内所有返校全勤的班级，月总评成绩加5分；

2. 课堂（30 分）

（1）上课不迟到、早退，迟到或早退一人，扣 5 分（30 分）

（2）迟到、早退达 10 分钟以上视为旷课，减 10 分

3. 活动（20 分）

（1）学生迟到，学生个人操行评分次减 5 分；

（2）班级迟到 3 人次以上，班级减 10 分；

（3）班级迟到 6 人次以上，减 20 分。

4. 走读生考勤（20 分）

（1）上学不迟到、早退（10 分）

（2）按时参加学校各项活动（10 分）

(十) 校园秩序（100 分总分占比 10%）

为创造良好的校园环境和学习氛围，有利于学生健康成长，将以下各项检查考核纳入班级十项百分赛。

1. 课间（20 分）

（1）言语得体，举止文明，见到师长主动问好，右侧礼让（5 分）

（2）课间不在楼道或校园里追跑打闹，大声喧哗（5 分）

（3）说话不带脏字，不随地吐痰（10 分）

2. 课堂（20 分）

（1）遵守课堂纪律，坐姿端正，认真听讲、做笔记，整体效果好（10 分）

（2）课堂上未经老师允许不得离开座位、说话、趴桌、睡觉、玩东西等（10 分）

3. 就餐（10 分）

排队买餐，耐心等待，文明用餐，饭后自觉收拾餐具和垃圾（10 分）

4. 服从管理（15 分）

尊敬老师，服从老师管理，配合学生干部管理（15 分）

5. 班车（10 分）

排队候车，刷卡上车，文明乘车（10 分）

6. 晚自习后校园秩序（20 分）

（1）学生晚自习后无特殊情况直接返回学生公寓，不得随意在校园内走动（15 分）

（2）晚自习后校园内服从值班教师和学生会安全部干部管理（5 分）

7. 就医（5 分）

按学校有关规定就医。

★在十项检查基础上，实行班级月总评分加减办法。

(一) 加分项

有以下情况的，在班级总分中加分：

1. 校园文化活动或社团活动（以学生职业素养护照发布任务为依据）

（1）校级比赛中获得名次加分：一等奖加 8 分，二等奖加 5 分，三等奖加 3 分，优秀奖加 2 分。

（2）系部比赛中获得名次加分：按照一等奖加 5 分，二等奖加 3 分，三等奖加 2 分，优秀奖加 1 分。

（3）班级有 1 人以上 5 人以下（含 5 人）参加学校各类社团，当月社团活动考核全勤的，班级当月加 5 分，出勤率为 80% 以上的，班级当月加 3 分。

（4）班级中有 6 人及以上参加学校各类社团，当月社团活动考核全勤的，班级当月加 10 分，出勤率为 80% 以上的，班级当月加 6 分。

2. 社会实践

（1）班级学生参加学校组织的社会实践活动，参加人数为 1 人以上 3 人以下的，班级当月加 2 分；3 人以上 5 人以下，班级当月加 5 分；超过 5 人，班级当月加 8 分。

（2）参加系部组织的社会实践活动，参加人数在 3 人以上 5 人以下，班级当月加 1 分，5 人以上 8 人以下，班级当月加 3 分，8 人以上，班级当月加 5 分。

3. 评优表彰

（1）学生在国家级评优中获得荣誉，班级当月加 10 分。

（2）学生在市、局级及以上评优中获得荣誉的，班级当月加 5 分。

（3）学生在校级评优中获得荣誉的，班级当月加 3 分。

（4）学生在系部评优中获得荣誉的，班级当月加 1 分。

4. 考核月内所有返校全勤的班级，月总评成绩加 5 分。

(二) 减分项

出现以下情况的，在班级总分中核减：

1. 班级出现留校察看以上处分者，每人次减 5 分。
2. 公共财产出现故意损坏或丢失的，减 5 分。
3. 班级在考勤记录中出现重大事故的，减 10 分。
4. 重大安全隐患未造成严重后果的，屡次发生安全问题未整改的，减 10 分。
5. 班级出现严重违纪事件或恶性群体事件的，减 20 分。
6. 出现造谣、传谣等舆情相关情况，减 20 分。

四、附则

第一条 制度的起草与归口管理

本管理办法由学生处负责起草，报教职工代表大会批准后正式下达，学生处归口管理。

第二条 制度的修订

本管理办法根据需要不定期进行修订。校属单位、相关部门均有权根据业务需要对本管理办法内容提出修改意见，并提交学生处。学生处负责收集整理校属单位、相关部门提出的修改意见，并安排有关人员进行专题讨论，对修改信息进行全面评估后组织修订本管理办法及相关文件。

第三条　本管理办法由学生处负责解释。

第四条　本管理办法自发布之日起实施，原管理办法同时废止。

学生奖励实施办法

第一章　总　则

第一条　为全面贯彻党的教育方针，落实立德树人根本任务，增强学生综合素质，促进学生全面健康可持续发展，发挥榜样的奖励引领作用，培养德智体美劳全面发展的社会主义建设者和接班人，依据《北京市中等职业学校学籍管理办法》，结合学校实际，特制定本办法。

第二条　学校对学生实施多元化的奖励机制，包括奖励内容、项目、形式等。以实现激励成长、榜样示范、人尽其才、全面发展的目标。奖励内容包括综合评比、专业技能、职业素养、活动竞赛、共青团等五大类，下设不同的奖励项目。

第三条　对学生奖励必须坚持公开、公平、公正的原则，严格执行奖励标准和评比程序。

第二章　部门职责

第四条　部门职责

1. 学生处

（1）牵头负责学生奖励实施办法的制定、修订、培训说明、实施推进、宣传表彰等工作。

（2）负责综合评比、职业素养、主题活动类项目的评定及奖励。

（3）负责相关档案资料的收集、整理与归档工作。

2. 团委

（1）会同学生处、教务处、系部负责共青团、主题活动类项目的制定、修订、培训说明、评定奖励等。

（2）负责相关档案资料的收集、整理与归档工作。

3. 教务处

（1）会同学生处、团委、系部负责专业技能类项目的制定、修订、培训说明、评定奖励等。

（2）负责相关档案资料的收集、整理与归档工作。

4. 各系部

（1）积极配合学校完成各项奖励的初评、推荐及审核工作。

（2）负责相关档案资料的收集、整理与归档工作。

5. 班主任

（1）认真学习贯彻落实学生奖励实施办法等相关制度规定，加强对学生的教育指导。

（2）加强班级日常管理，指导班委会和团支部的工作，对学生进行及时有效的奖励和处罚。

（3）认真整理、撰写、留存、提交资料。

第三章　奖励实施细则

★综合评比类★

一、奖学金

(一)国家奖学金

1. 基本条件：

（1）具有中华人民共和国国籍；

（2）热爱社会主义祖国，拥护中国共产党的领导；

（3）遵守法律法规，遵守《中等职业学校学生公约》，遵守学校规章制度；

（4）诚实守信，关心集体，热爱劳动，尊敬师长，道德品质优良，积极参加学校的各项活动；

（5）积极上进，刻苦学习，专业知识扎实，职业技能熟练；

（6）在校期间学习成绩、道德风尚、专业技能、社会实践、创新能力、综合素质等方面表现特别优秀。

2. 具体条件：

（1）年级要求：全日制二年级及以上学生可以申请中职国家奖学金。

(2) 成绩表现等要求:学习成绩排名位于年级同一专业前 5%(含 5%)的学生可以申请中职国家奖学金。学习成绩排名位于年级同一专业排名未进入 5%,但达到前 30%(含 30%)且在道德风尚、专业技能、社会实践、创新能力、综合素质等方面表现特别突出的,可以申请中职国家奖学金,同时需要提交详细的证明材料。证明材料须由学校审核后加盖学校公章。学习成绩排名未进入 30%的,不具备申请资格。

(3) "表现特别突出"主要是指:

① 在社会主义精神文明建设中表现突出,具有见义勇为、助人为乐、奉献爱心、服务社会、自立自强等实际行动,在本校、本地区产生重大影响,在全国产生较大影响,有助于树立良好的社会风尚。

② 在专业技能竞赛方面取得显著成绩,在全国职业院校技能大赛、中国技能大赛、世界技能大赛或同等水平国际和全国性赛项中获得三等奖及以上奖励;以上赛项省级选拔赛获得二等奖及以上奖励。

③ 在创新发明方面取得显著成绩,科研成果获省、部级以上奖励或获得通过专家鉴定的国家专利(不包括实用新型专利、外观设计专利)。

④ 在体育竞赛中取得显著成绩,为国家争得荣誉。非体育专业学生参加省级及以上体育比赛获得个人项目前三名,集体项目前二名。体育专业学生参加国际和全国性体育比赛获得个人项目前三名、集体项目前二名。

⑤ 在重要艺术展演文艺比赛中取得显著成绩。非艺术类专业学生参加全国中小学艺术展演或同等水平比赛,获得三等奖及以上或前三名奖励;艺术类专业学生参加全国中小学艺术展演或同等水平全国性比赛及国际性比赛,获得三等奖及以上或前三名奖励,以上展演(比赛)省级遴选获得二等奖及以上或前二名奖励。集体项目应为主要演员。

⑥ 获省级及以上三好学生、优秀学生干部、社会实践先进个人、杰出青年、五四奖章等个人表彰或荣誉称号。

⑦ 参加全国中等职业学校文明风采优秀作品展示展演的个人或集体项目主要创作人员。

⑧ 在创业等其他方面有优异表现的。

3. 评选范围:二年级、三年级具有本市正式学籍、户籍的在校学生。

4. 评选时间:每年 10 月。

5. 奖励办法:每生每年 6000 元。

(二)北京市政府奖学金

1. 基本条件:

(1) 具有中华人民共和国国籍;

(2) 热爱社会主义祖国,拥护中国共产党的领导;

(3) 遵守法律法规,遵守《中等职业学校学生公约》,遵守学校规章制度；

（4）诚实守信，关心集体，热爱劳动，尊敬师长，道德品质优良，积极参加学校的各项活动；

（5）积极上进，刻苦学习，专业知识扎实，职业技能熟练；

2. 评定标准：

凡符合奖学金评定对象的基本条件，并具备下列条件之一的可申请政府奖学金：

（1）上一学年内所学课程考试成绩平均在 85 分或优良等级以上，职业素养学分高于同一专业的平均分；

（2）上一学年内在市级以上职业技能比赛中获一、二、三等奖；

（3）上一学年内获市级以上表彰的优秀学生；

（4）凡违反校规校纪者，未参加考试或因病免体者，取消该学年奖学金评比资格；

（5）国家奖学金、政府奖学金每学年申请和评审一次，同一学年内国家奖学金和政府奖学金不能同时获得。

3. 评选范围：具有本市正式学籍、户籍的在校学生。

4. 评选比例：享受奖学金的人数可占全校实行本办法学生总数的 5%。

5. 评选时间：每年 10 月。

6. 奖励标准：每生每年 2000 元。

(三)校级奖学金

1. 基本条件：

（1）热爱祖国，热爱商校，诚实守信，关心集体，热爱劳动，尊敬师长，团结同学，道德品质良好；

（2）遵纪守法，遵守学校的各项规章制度，无任何违法违纪行为；

（3）积极上进，刻苦学习，努力掌握专业知识、技能，专业知识扎实，职业技能熟练；

（4）积极参加体育锻炼和学校组织的各项活动。

2. 评选范围：在校学习满一学年（上年 9 月至本年 7 月）学生，不包括实习生。

3. 评定标准：

（1）一等奖学金：上一学年内所学课程考试总评成绩平均分在 85 分以上，单科成绩不低于 80 分，职业素养学分高于同一专业的平均分；

（2）二等奖学金：上一学年内所学课程考试总评成绩平均分在 80 分以上，单科成绩不低于 75 分，职业素养学分高于同一专业的平均分；

（3）三等奖学金：上一学年内所学课程考试总评成绩平均分在 75 分以上，单科成绩不低于 70 分，职业素养学分高于同一专业的平均分；

（4）进步奖学金：上一学年内所学课程成绩明显进步，单科成绩无不及格。

4. 评选比例：

（1）一等奖学金比例：班级总人数的5％；

（2）二等奖学金比例：班级总人数的10％；

（3）三等奖学金比例：班级总人数的15％；

（4）进步奖学金：每班2人。

5. 奖学金标准：

（1）为一等奖学金获得者颁发荣誉证书及奖金800元；

（2）为二等奖学金获得者颁发荣誉证书及奖金500元；

（3）为三等奖学金获得者颁发荣誉证书及奖金300元；

（4）为进步奖学金获得者颁发荣誉证书及奖金200元。

6. 评选办法：以班级为单位按照评选比例申报，系部审核，学生处通过；

7. 评选时间：每学年评定一次，于下学年初（9月）完成。

二、班集体评选

(一) 文明班集体

1. 评选标准：

（1）有政治坚定、团结协作、密切联系同学的团支部、班级学生干部队伍；

（2）有团结友爱、和谐健康、积极向上的良好班风；

（3）有诚信严谨、多能力行、勤奋进取的优良学风；

（4）认真组织开展各种文化活动，积极组织学生参加社团组织和社会实践活动；

（5）认真组织开展主题班会，每月至少两次以上；

（6）教室文化环境高雅整洁，职业氛围浓厚；

（7）班级常规工作出色，班级十项百分赛评比平均90分以上；

（8）文明宿舍率为100％，和谐宿舍率在50％以上，优秀宿舍率在10％以上；

（9）班级学生学期总评成绩的及格率达80％以上，优良率40％以上；

（10）本学期班内学生无留校察看及以上处分；

（11）积极组织学生参加校内外各级各类文化和技能竞赛活动；

（12）班级学生职业素养学分平均分高于同一专业其他班级的平均分。

2. 评选范围：到校学习满一学期的班集体。

3. 评定办法：按照评选细则的要求，系部将各班一个学期主要考核内容进行量化核算评比；在此基础上，进行综合评定，提交学生处审核。

  4. 评定比例：不超过班级总数的20％。

  5. 评选时间：每学期评选一次，在下学期初完成。

  6. 奖励办法：为获评班集体颁发荣誉证书及300元奖金或等额奖品。

(二)优秀班集体

  1. 评选范围：在同一个学年内的两个学期均评为文明班集体的班级。

  2. 评选时间：每学年一次，于下一学年初评定。

  3. 奖励办法：第二学期被评为文明班集体后累计颁发荣誉证书并与文明班集体合计表彰500元奖金或等额奖品以兹奖励。

三、优秀个人评选

(一)五好学生

  1. 评选标准：

  (1) 理想信念坚定，拥护中国共产党，深入学习习近平新时代中国特色社会主义思想，热爱祖国，热爱人民，热爱社会主义，无违法违纪现象；

  (2) 善于学习和吸收新知识，热爱所学专业，勤奋学习，成绩优秀，总评成绩平均85分及以上，且单科成绩不低于75分；

  (3) 积极参加体育锻炼，达到《国家体育锻炼标准》，体育课考勤95％，体育成绩在良好及以上；

  (4) 具有健康向上的审美格调，至少有1项艺术特长，积极参加学校的艺术展演；

  (5) 热爱劳动、崇尚劳动、践行劳动，积极参加生活性劳动、生产性劳动和志愿服务，积极弘扬"劳模精神"和"工匠精神"；

  (6) 职业素养学分处于同一专业的前40％。

  2. 评选范围：到校学习满一年的学生。

  3. 评定比例：不超过全班总人数15％。

  4. 评定方法：各班按条件民主选举，各系部审核，报学生处批准。

  5. 评选时间：每学年评定一次，于下一学年初完成。

  6. 奖励办法：为获评五好学生颁发荣誉证书及200元奖金或等额奖品以兹奖励。

(二)优秀学生干部

  1. 评选标准：

  (1) 有较高的思想政治素质，尊敬师长，团结同学，学习勤奋。

（2）模范遵守学校各项规章制度，无任何违纪行为；

（3）热心社会工作，积极承担学生干部工作，并在学习生活中充分发挥先锋模范作用和示范带头作用；

（4）积极组织开展各项活动，热心为同学服务，有较强的工作能力和突出的工作成绩，在同学中有较高的威信；

（5）有强烈的事业心和责任感，工作中注重方式、方法，能够创造性开展工作；

（6）热爱专业，学习刻苦，每学期期末总评成绩平均在80分以上（含80分），且单科成绩不低于70分，学期出勤率90％及以上；

（7）职业素养学分处于同一专业的前40％。

2. 评选范围：在校满一年的班委会干部、学生会（分会）干部。

3. 评定比例：不超过班委会干部或学生会（分会）干部总数的20％。

4. 评定方法：各班或学生会（分会）按条件民主选举，各系部审核，报学生处批准。

5. 评定时间：每学年评定一次，于下一学年初完成。

6. 奖励办法：为获评优秀学生干部颁发荣誉证书及200元奖金或等额奖品以兹奖励。

四、宿舍评比

(一)文明宿舍

1. 评选标准：每学期按照宿舍评比成绩取平均分进行排行，文明宿舍不超过宿舍总数的20％。

2. 评定方法：由学生公寓管理办公室评选。

3. 评选时间：每学期评选一次，于下一个学期第一个月内完成。

4. 奖励办法：为获评宿舍颁发荣誉证书以兹奖励。

(二)和谐宿舍

1. 评选标准：每学期按照宿舍评比成绩取平均分进行排行，和谐宿舍不超过宿舍总数的15％。

2. 评定方法：由学生公寓管理办公室汇总各宿舍得分，报经学生处审批。

3. 评选时间：每学期评选一次，于下一个学期第一个月内完成。

4. 奖励办法：为获评宿舍颁发荣誉证书及人均15元奖品以兹奖励。

(三)优秀宿舍

1. 评选标准：每学期按照宿舍评比成绩取平均分进行排名，优秀宿舍不超过宿舍总数的10%。

2. 评定方法：由学生公寓管理办公室汇总各宿舍得分，报经学生处审批。

3. 评选时间：每学期评选一次，于下一个学期第一个月内完成。

4. 奖励办法：为获评宿舍颁发荣誉证书及人均20元奖品，以兹奖励。

(四)优秀宿舍长

1. 评选标准：

(1) 该宿舍在学期内被评为"优秀宿舍"或"和谐宿舍"；

(2) 个人无违纪现象，能及时准确上报宿舍考勤，无误报现象；

(3) 主动配合公寓老师和公管部学生干部工作。

2. 评选范围：任职满一学期的宿舍长。

3. 评定比例：不超过宿舍长总数的10%～20%。

4. 评定方法：根据评选标准，由学生公寓管理办公室推荐，报学生处审批。

5. 评选时间：每学期评选一次，于下一个学期初完成。

6. 奖励办法：为获评优秀宿舍长颁发荣誉证书及50元奖金或等额奖品以兹奖励。

五、新生评比

(一)优秀新生

1. 评选标准：

(1) 新生入学教育期间，模范遵守学校各项规章制度，无任何违纪行为；

(2) 认真参加新生入校教育系列培训，又好又快地适应新的校园环境；

(3) 尊敬师长，关心同学，积极参加学校、系部和班级组织的各项活动，并取得优异成绩。

2. 评选范围：全体入学新生。

3. 评选比例：每班2人。

4. 评选时间：每年12月。

5. 评选办法：根据评选标准，由班主任推荐，各系部审核，报学生处批准。

6. 奖励办法：为获评优秀新生颁发荣誉证书及30元奖金或等额奖品以兹奖励。

(二)优秀新生辅导员

1. 评选标准：

(1) 担任新生班辅导员期间，模范遵守学校各项规章制度，无任何违纪行为；

(2) 全力辅助新生班班主任完成新生入学初期的各项任务，认真辅导并帮助新生适应新的校园生活；

(3) 严于律己，为新生做好表率作用；

(4) 认真学习，积极参加校内各项活动，合理规划时间；

(5) 有责任心，踏实肯干，用心对待每一名新生。

2. 评选范围：任期满3个月的新生辅导员。

3. 评选比例：新生辅导员人数的20％。

4. 评选时间：每年12月。

5. 评选办法：根据评选标准，各系部推荐，报学生处批准。

6. 奖励办法：为获评优秀新生辅导员颁发荣誉证书及30元奖金或等额奖品以兹奖励。

★专业技能类★

学生综合职业能力比赛评比

(一)国家级综合职业能力比赛

1. 评奖范围：积极参加国家级综合职业能力比赛，认真准备比赛、刻苦训练，经过选拔，参加国家级综合职业能力比赛。

2. 评比时间：根据具体活动时间而定。

3. 奖励办法：

(1) 学生获得国家教育部授予的综合职业能力比赛奖项，一等奖奖励4000元/人，二等奖2000元/人，三等奖1000元/人。

(2) 学生获得国家级民间学术团体、行业协会、中央部门有关司、局、所授予的奖项，如：中国职教学会、商业联合会等授予的个人奖项，一等奖奖励600元/人，二等奖400元/人，三等奖200元/人。

(3) 学生荣获国家级二级、三级协会表彰的先进个人，一等奖奖励400元/人，二等奖200元/人，三等奖100元/人。

(4) 学生参加综合职业能力比赛，获得国家级一、二、三等奖的集体或班组，按参与学生人均400元/人、200元/人、100元/人的标准予以奖励。

(二)市级综合职业能力比赛

1. 评奖范围：积极参加市级综合职业能力比赛，认真准备比赛、刻苦训练，经过选拔，参加市级综合职业能力比赛。

2. 评比时间：根据具体活动时间而定。

3. 奖励办法：

（1）学生荣获北京市教委授予的综合职业能力比赛奖项，一等奖奖励1000元/人，二等奖600元/人，三等奖400元/人。

（2）学生荣获市级民间学术团体、行业协会、市有关部委、处室、市级二级、三级协会及职能部门授予的综合职业能力比赛奖项，如：北京市职教学会、商业联合会、思想政治工作研究会、北京高职中专教育研究会、北京市高职中专党建研究会、职教协会各专业委员会、高职中专各专业委员会等授予的综合职业能力比赛奖项，一等奖奖励200元/人，二等奖160元/人，三等奖100元/人。

（3）学生荣获市级综合职业能力比赛一、二、三等奖的集体或班组，按人均200元/人、100元/人、60元/人的标准予以奖励。

(三)集团公司或地区综合职业能力比赛

1. 评奖范围：积极参加集团公司或地区综合职业能力比赛，认真准备比赛、刻苦训练，经过选拔，参加集团公司或地区综合职业能力比赛。

2. 评比时间：根据具体活动时间而定。

3. 奖励办法：

（1）学生荣获集团公司或地区授予的综合职业能力比赛奖项，一等奖奖励160元/人，二等奖100元/人，三等奖60元/人。

（2）学生荣获集团公司和地区授予综合职业能力比赛奖项的集体、部室或班组，按人均100元、60元、40元的标准予以奖励。

(四)校级综合职业能力比赛

1. 评奖范围：积极参加校级综合职业能力比赛，认真准备比赛、刻苦训练，经过选拔，参加校级综合职业能力比赛。

2. 评比时间：根据具体活动时间而定。

3. 奖励办法：

（1）学生荣获学校授予的综合职业能力比赛奖项，一等奖奖励60元/人，二等奖40元/人，三等奖20元/人。

（2）学生荣获学校授予综合职业能力比赛奖项的集体，按一等奖60元/人，二等奖40元/人，三等奖20元/人的标准予以奖励。

(五)相关规定

1. 参加各类综合职业能力比赛前须由各系部申报、学校审批，有序参加。
2. 同一类工作同一时期获同类多种奖励，奖金额取最高值，不重复计奖。
3. 上级单位只发证书未发奖金，由学校按规定标准发放。
4. 上级单位发放的奖金数额未达到学校规定标准，由学校补发差额。
5. 上级单位发放的奖金数额达到学校规定标准，学校不再重复计发。
6. 获得个人奖励者，不再享受所在集体荣誉奖的奖金额。
7. 其他体育、数学、英语、绘画、书法等综合素质类比赛可参考本奖励办法执行。

★职业素养类★

一、职业素养标兵

1. 评选标准：积极参与并使用职业素养护照网络平台，认真完成护照相关任务。
2. 评选比例：职业素养护照得分同年级同专业排名前5%。
3. 评比时间：每学年评定一次，于下一学年初完成。
4. 奖励办法：为获评职业素养之星的同学发放50元奖金或等额奖品。

二、劳动标兵

1. 评选标准：
（1）个人学期内无违纪现象；
（2）个人内务整个学期均未扣分，学期宿舍评比成绩每天不得低于98分；
（3）在劳动实践课程、志愿服务、班级劳动等活动中认真履职，劳动态度较为积极；
（4）在校级技能大赛、工学交替和勤工助学等活动中表现突出者可优先考虑。
2. 评选范围：符合条件可评。
3. 评定时间：每学年评定一次，于下一学年初（9月）完成。
4. 奖励办法：为获评劳动之星颁发荣誉证书及50元奖金或等额奖品以兹奖励。

三、其他单项标兵评比

其他单项标兵评选参考职业素养标兵、劳动标兵评选实施。颁发50元奖金或等额奖品以资鼓励。

★ 活动竞赛类 ★

一、文明风采活动

(一)北京市文明风采主题活动

1. 评奖范围：积极参加北京市文明风采主题活动，认真准备参赛作品，经过遴选，成功报送全国展演的作品。
2. 评比时间：根据具体活动时间而定。
3. 奖励办法：作品荣获一等奖奖励 100 元奖品；二等奖奖励 80 元奖品；三等奖奖励 60 元奖品。

(二)校级文明风采主题活动

1. 评奖范围：积极参加校级文明风采作品遴选，认真准备参赛作品。经校内老师遴选后，报送参加北京市文明风采主题活动的作品。
2. 评比时间：根据具体活动时间而定。
3. 奖励办法：颁发奖状。

二、其他主题教育或竞赛活动

(一)市级及以上主题教育或竞赛活动

其他市级及以上主题教育或竞赛活动参考北京市文明风采主题活动奖励办法实施。一等奖奖励 100 元奖品；二等奖奖励 80 元奖品；三等奖奖励 60 元奖品。

(二)校级主题教育或竞赛活动

其他校级主题教育或竞赛活动参考校级文明风采主题活动奖励办法实施，颁发奖状。

★ 共青团类 ★

共青团评比

(一)优秀团支部

1. 评选标准：
(1) 支部建设优：能够密切联系团员青年，为团员青年服务；团支部建设政治坚定，作风过硬，工作制度健全，创新意识强，团支部有较强的凝聚力、战斗力；

（2）坚持制度优：认真落实"三会一课一日"制度；很好地完成团员地教育管理、新团员的组织发展工作；认真完成团员注册、团费收缴等工作；

（3）开展活动优：定期开展团日活动，活动主题鲜明、组织周密、团员出勤率高、能带动青年参加活动、活动取得良好效果，做到有计划、有过程、有记录、有总结；创造性地设计开展团的工作；

（4）发挥作用优：本支部在学校建设、系部建设中发挥共青团先锋模范作用；本支部团员能模范遵守校规校纪，严格履行团员的权利与义务，在日常学习、生活中发挥团员的先锋模范作用；

（5）按时高质量完成上级团组织交办的各项任务；积极组织本支部的团员青年参加学校、系部、团委、团总支组织的各项活动；

（6）支部内所有团员在"志愿北京"中注册为志愿者，每人每年累计志愿服务时长不低于20小时；

（7）团支部扎实开展"青年大学习"活动，100％覆盖全体学生。

（8）年度"对标定级"为五星团支部。

2. 评选范围：到校学习满一年的团支部。

3. 评定方法：团支部提出书面申请，系部团总支推荐，报经校团委批准。

4. 评定比例：学校团支部总数的20％。

5. 评选时间：每年3月—4月。

6. 奖励办法：为获评团支部颁发荣誉证书及300元奖金（或等额奖品）以兹奖励。

（二）优秀学生社团

1. 评选标准：

（1）组织机构健全，有完善的管理规章制度；

（2）每学期有工作计划，学期末有工作总结；

（3）每学年至少组织开展一次成果展示活动；

（4）积极承担学校布置的各种任务，并能够出色完成；

（5）能够主动组织开展不同类型的社会实践活动；

（6）社团具有较强的凝聚力，成员之间能够和谐相处。

2. 评选范围：校、系两级学生社团。

3. 评定方法：各学生社团提交相关材料，报经校团委考核审批。

4. 评选时间：每年3月—4月。

5. 奖励办法：为获评社团颁发荣誉证书及300元奖金或等额奖品以兹奖励。

（三）优秀团干部

1. 评选标准：

（1）理想信念坚定。认真学习贯彻习近平新时代中国特色社会主义思想，深入落实习近平总书记关于青年工作的重要思想，严格遵守政治纪律和政治规矩，增强"四个意识"、坚定"四个自信"、做到"两个维护"。坚定共产主义远大理想和中国特色社会主义共同理想，热爱党、热爱祖国、热爱社会主义，具有强烈的家国情怀。

（2）心系广大青年。密切联系青年，积极主动地在青年中开展工作，对青年开展有效服务和引导工作，在青年中具有较高威信。

（3）工作能力过硬。热爱团的工作，认真执行党的指示和团的决议，积极探索创新，在团的岗位上取得突出成绩。认真组织开展团组织的各项活动，团员教育评议优秀。

（4）敢于担当作为。切实把思想和行动统一到党中央决策部署上，带头响应党的号召，坚决服从组织分配的工作任务，在志愿服务、社区报到、关爱服务等项目中发挥积极作用，率先垂范，表现突出。

（5）工作作风优良。自觉加强党性锻炼、提升党性修养，对党忠诚。带头践行"三严三实"要求，认真参加"不忘初心、牢记使命"主题教育，求真务实，克己奉公，廉洁自律。模范践行社会主义核心价值观，遵纪守法，品格高尚。

（6）圆满完成任务。所在团组织完成团支部"对标定级"、团员回社区报到、团员成为注册志愿者等年度重点工作任务，积极推动、参与区域化团建工作。个人每年累计志愿服务时长不低于20小时，年度团员教育评议中荣获"优秀"等次。

（7）热爱所学专业，学习成绩优秀，每学期期末总评成绩平均在80分以上（含80分），且无不及格，职业素养学分高于同年级同专业的平均分。

（8）其他。连续担任本职位1年或以上，且按要求完成年度"青年大学习"的相关任务；关注北京商校职业教育、北京市商业学校团委官方微信公众号，第一时间学习并转发公众号文章；

2. 评选范围：任职满一年的团支部委员、团总支委员、校团委会委员。

3. 评定方法：按照评选细则的要求，系部推荐，校团委考核审批。

4. 评选比例：全校共青团干部人数的20%。

5. 评选时间：每年3月—4月。

6. 奖励办法：为获评共青团干部颁发荣誉证书及200元奖金或等额奖品以兹奖励。

(四)优秀共青团员

1. 评选标准：

（1）理想信念坚定。认真学习贯彻习近平新时代中国特色社会主义思想，深入落实习近平总书记关于青年工作的重要思想，严格遵守政治纪律和政治规矩，增强"四个意识"、坚定"四个自信"、做到"两个维护"。坚定共产主义远大理想和中国特色社会主义共同理想，热爱党、热爱祖国、热爱社会主义，具有强烈的家国情怀。

（2）道德品行优秀。模范践行社会主义核心价值观，带头倡导良好社会风尚，遵纪守法，品格高尚，作风正派。积极传播正能量，是网络文明志愿者，参与构建清朗网络空间。成为注册志愿者，且经常参加志愿服务，年度志愿服务时长不少于20小时。

（3）模范作用突出。热爱所学专业，学习刻苦，本年度每学期总评成绩平均在75分以上（含75分），且无不及格，职业素养学分高于同一专业的平均分。

（4）遵规守纪自觉。遵守国家法律法规，遵守团的章程，模范履行团员义务，按要求参加"三会两制一课"，积极参加团的各项活动，没有违规违纪行为，年度团员教育评议中荣获"优秀"等次。

（5）其他。连续担任本职位1年或以上，且按要求完成年度"青年大学习"的相关任务；关注北京商校职业教育、北京市商业学校团委官方微信公众号，第一时间学习并转发公众号文章；

2. 评选范围：成为共青团员满一年及以上。

3. 评定方法：按照评选细则的要求，团支部召开全体团员大会，充分讨论，民主选举符合评选条件的团员；班主任在此基础上，进行综合评定，报学校团委审核。

4. 评选比例：全校共青团员人数的20%。

5. 评选时间：每年3月—4月。

6. 奖励办法：为获评共青团团员颁发荣誉证书及200元奖金或等额奖品以兹奖励。

（五）优秀社团干部

1. 评选标准：
（1）具有良好的思想政治素质，认真贯彻执行学校学生社团管理规定；
（2）对社团工作有强烈的责任意识和使命感，愿意为社团、为同学奉献自己的力量；
（3）严于律己，以身作则，注意维护社团形象，能够在同学中起到模范带头作用；
（4）积极参加社团活动，在社团活动中发挥突出作用，成绩显著；
（5）积极参加社团建设，主动献计献策，积极参与社团内部事务的管理；
（6）代表学校或社团参加校内外有关比赛或在某方面工作有突出成绩；
（7）社团负责人必须在学期开学前两周内向团委提交本社团本学期工作计划；

（8）能较好地完成工作计划中的规定活动，做到活动前有计划，每学期活动结束前，各社团负责人必须向学校团委提交本学期的工作总结；

（9）认真参加社团干部每周工作例会，出勤率在90%以上；

（10）按时在北京市商业学校学生社团小程序中打卡，打卡次数不少于学期训练计划的80%。

2. 评选范围：学生社团负责人。

3. 评定方法：按照评选细则的要求，经社团内部民主选举，指导教师推荐，团委会社团部进行综合评定，报经学校团委审核。

4. 评定比例：每个社团1~2名。

5. 评选时间：每年3月—4月。

6. 奖励办法：为获评社团干部颁发荣誉证书及100元奖金或等额奖品以兹奖励。

（六）优秀社团成员

1. 评选标准：

（1）具有良好的思想政治素质，认真贯彻执行学校学生社团管理规定；

（2）积极参加社团活动，在社团活动中发挥突出作用，工作成绩显著；

（3）严于律己，以身作则，注意维护社团形象，能够在同学中起到模范带头作用；

（4）积极参加社团建设，主动献计献策，积极参与社团内部事务的管理；

（5）代表学校或社团参加校内外有关比赛或在某方面工作有突出成绩；

（6）认真参加社团活动，活动中积极配合指导教师和社团干部的工作，具有良好的团队精神与合作意识，每学期出勤率在90%以上。

2. 评选范围：参加社团在一个学年以上。

3. 评定方法：按照评选细则的要求，经过社团指导教师推荐，系部审核，进行综合评定，报经团委审核。

4. 评定比例：不超过社团成员总数的10%~20%。

5. 评选时间：每年3月—4月。

6. 奖励办法：为获评优秀社团队员颁发荣誉证书及100元奖金或等额奖品以兹奖励。

（七）优秀志愿者

1. 评选标准：

（1）模范遵守国家法律法规和学校的各项规章制度，无违纪现象，能够代表我校志愿者的良好形象；

（2）积极弘扬志愿服务精神，个人年度志愿服务时长不少于20小时；

（3）在社会或学校志愿服务中做出突出贡献的个人予以优先考虑。

2. 评选范围:"青春北京"注册一年以上的志愿者。
3. 评定方法:按照评选细则的要求,系部综合评定,报经学校团委审核。
4. 评定比例:不超过在校学生总数的 5%。
5. 评选时间:每年 3 月—4 月。
6. 奖励办法:为获评优秀志愿者颁发荣誉证书及 100 元奖金或等额奖品以兹奖励。

第四章 奖励形式

第五条
1. 授予证书和荣誉称号,颁发奖牌奖章、进行宣传表彰,录入学生职业素养护照平台系统。
2. 优先推荐参与社会实践、研学活动、顶岗实习、拓展训练等。
3. 优先参加学习培训和外事交流活动等。
4. 优先推荐就业。

第五章 附则

第六条 本办法自发布之日起实施。
第七条 本办法实施后,原有《学生多元奖励实施细则》废止。
第八条 本办法由学生处、团委、教务处负责解释说明。

学生违纪处分条例

为了进一步加强学生教育管理工作,维护学校良好教育教学秩序,保障广大学生的权益,实现"成人、成才、成功,培养德能兼备现代职业人"的育人目标,根据《中华人民共和国教育法》《中华人民共和国职业教育法》、教育部颁发的《中等职业学校学生学籍管理办法》《中小学教育惩戒规则(试行)》和《北京市中等专业学校学生学籍管理办法》,坚持"科学教育、严格管理、热情关心"的教育原则,结合我校具体情况特制定本条例。

违纪处理坚持公开、公平、公正的原则；坚持教育与处分相结合原则；坚持学生的申诉权保障原则。做到程序正当、证据充分、依据明确、处分恰当。学校对于有违纪行为的学生，可以视其情节和态度分别给予警告、严重警告、记过、留校察看、开除学籍等处分。

一、违纪处分

学生发生违纪情况，按如下规定给予相应处分。

1. 违反国家法律法规，受到公安部门处罚者：
① 被处以警告者，学校给予严重警告及以上处分。
② 被处以行政拘留者，根据情况给予留校察看及以上处分。

2. 严重扰乱学校正常教育教学秩序，包括扰乱课堂教学、实训、工学交替、实践教学、顶岗实习等秩序和扰乱学生活动、就餐、住宿、乘车、校门出入管理及其他公共场所秩序等，造成不良影响者：
① 经教育，认错态度好，给予警告处分。
② 经教育，态度不端正，造成一定后果者，给予严重警告处分或记过处分。
③ 态度恶劣，且造成严重后果者，给予留校察看处分或开除学籍处分。

3. 擅自离校、周末未经请假不返校及夜不归宿者：
① 初犯经教育，认错态度好，给予警告或严重警告处分。
② 认错态度不端正且行为造成一定后果者，给予记过或留校察看处分。
③ 屡犯，态度恶劣或造成严重后果者，给予留校察看或开除学籍处分。

4. 携带易燃易爆物品、腐蚀性物品、毒品、管制器具等违禁物品进入校园者，视情节给予严重警告及以上处分，违禁物品送交校保卫处或学校所在地派出所处理。

5. 擅自移动或故意损坏消防设施者，视情节轻重给予严重警告或记过处分，并赔偿损失。造成严重后果者，开除学籍。

6. 损坏公共财物或他人财物要照价赔偿；故意毁损公共财物或他人财物者，视情节轻重给予严重警告及以上处分，并赔偿损失。

7. 偷窃国家、集体或个人财物者，按国家法律法规及学校纪律处理：
① 凡有盗窃行为，给予记过及以上处分。
② 偷窃价值1000元及以上财物，给予留校察看及以上处分。
③ 屡次盗窃，情节严重，给予开除学籍处分。

8. 在校园区域内吸烟及售卖烟者，视其情节和态度给予以下处分：
① 情节较轻，认错态度端正，进行批评教育或给予警告处分，态度不端正，给予严重警告处分。
② 屡教不改者给予记过处分。
③ 情节严重，造成严重后果者，给予留校察看及以上处分。

④ 通过任何渠道，售卖香烟、电子烟等，给予记过及以上处分。

9. 有喝酒行为者，视其情节和态度给予以下处分：

① 情节较轻，认错态度端正，给予警告处分；态度不端正，给予严重警告处分。

② 屡教不改者给予记过处分。

③ 情节严重，造成严重后果者，给予留校察看及以上处分。

10. 有赌博行为或变相赌博者，视其情节和态度给予以下处分：

① 情节较轻，认错态度端正，给予严重警告处分；态度不端正，给予记过处分。

② 组织赌博或多次参与赌博、屡教不改，给予留校察看及以上处分。

11. 对参与打架、聚众斗殴者给予以下处分：

（1）组织策划者：

① 策划打架未造成后果者，给予严重警告处分。

② 策划打架并造成后果者，视情况，给予记过及以上处分。

（2）参与者：

① 先动手打人，未伤及他人者给予记过处分；致他人受伤者，视情况给予留校察看及以上处分。

② 以劝架为名，动手打人，按先动手打人论处。

③ 持械参与未伤及他人者，给予记过处分；伤害他人者，给予留校察看及以上处分。

④ 提供器械未造成后果者，给予记过处分；造成后果者，视其情节给予留校察看及以上处分。

（3）聚众斗殴者，视情节给予记过及以上处分。

（4）纠集校外人员参与打架斗殴者，给予留校察看及以上处分。

（5）凡由于打架斗殴造成同学伤害的，主要责任人或造成伤害者赔偿被伤害人医疗费用及其他相关损失。

（6）不配合学校调查，故意隐瞒或歪曲事实者，给予以下处分：

① 不配合学校调查，故意隐瞒者给予严重警告处分。

② 故意歪曲事实者，给予记过处分。

③ 事件参与者犯此款加重一级处分。

（7）围观打架、站脚助威者，视情况给予严重警告及以上处分。

12. 欺辱、欺凌、威胁同学或变相欺辱同学者、索要财物或变相索要财物者，视情节给予记过及以上处分。

13. 观看、收听和传播色情、赌博、暴力、迷信等音像制品、读物、网站，视情节给予记过及以上处分。

14. 一学期累计旷课达到以下学时者（旷课一天按 8 学时计或按当天实有学时计算）：

① 旷课 8 学时者，给予警告处分。
② 旷课 9~24 学时者，视情节给予严重警告处分。
③ 旷课 25~40 学时者，视情节给予记过处分。
④ 旷课 41~89 学时者，视情节给予留校察看处分。
⑤ 旷课累计达 90 学时以上者，给予开除学籍处分。

15. 违反考试（包括考查、测验等）纪律者：
① 凡考试作弊者给予记过处分。
② 互换试卷，让他人代考，双方给予留校察看处分。
③ 作弊行为特别严重者，给予开除学籍处分。
④ 协助作弊者，按作弊论处。
⑤ 其他违反考试纪律行为，且不服从管理者，视情节轻重给予严重警告以上处分。
⑥ 偷盗试题、试卷者，视情节给予记过及以上处分。

16. 同学之间交往，行为不当者：
① 同学之间交往语言行为不文明或通过网络、短信、信件等方式污辱对方者，给予警告处分或严重警告处分。
② 同学之间交往不文明、行为不当者，给予严重警告或记过处分。
③ 同学之间交往不文明、行为不当且影响恶劣者，给予留校察看及以上处分。

17. 对不尊重老师、辱骂和殴打老师者：
① 不尊重或顶撞老师，不听劝告或态度不端正者，给予严重警告处分。
② 辱骂老师者，给予记过以上处分。
③ 殴打老师者，给予留校察看及以上处分。

18. 在一学期内，学生月度操行评分累计两个月不及格者，给予警告处分；三个月不及格者，给予严重警告处分；一学期内，各月均不及格者，给予记过处分。

19. 有下列情况之一的学生，可酌情给予开除学籍的处分：
① 反对党和国家的基本路线，组织煽动舆论，扰乱公共秩序，妨害公共安全，破坏民族团结和社会安定稳定，具有社会危害性；
② 触犯国家法律，构成刑事犯罪；
③ 纠集他人结伙滋事，扰乱治安；
④ 携带管制刀具，屡教不改；
⑤ 多次拦截殴打他人、多次欺辱、欺凌同学或变相欺辱同学、强行索要他人财物或变相强行索要他人财物，情节严重者；
⑥ 传播淫秽读物或音像制品，进行淫乱或者色情、卖淫活动；
⑦ 多次偷窃、国家、集体、个人财产，故意毁坏公共财产造成严重损失或危害；

⑧ 参与赌博、屡教不改；
⑨ 吸食、贩卖毒品；
⑩ 一学期旷课累计达 90 学时以上或擅自离校连续两周以上；
⑪ 制造、传播不实言论，造成严重后果或重大舆情事件；
⑫ 严重违反校规校纪，造成严重后果和其他危害社会的行为。

二、违纪处理

1. 处分学生，由班主任、系部在认真调查事实经过的基础上，与学生家长联系沟通，提出处理意见。警告、严重警告处分由系部审批，报学生处备案；记过处分由学生处审批，报主管校长；留校察看处分由主管校长审批，并向校长办公会通告；开除学籍处分由校长办公会研究决定，报市教委备案。

2. 对学生记过及以上处分有关资料应当存入学生学籍档案。对学生的处分撤销后，学校应当将原处分决定和有关资料从学生个人学籍档案中移出，保存到学校文书档案中。

3. 凡属本条例没有列举的违纪行为，可参照本条例相似条款给予相应的处分。

4. 学生在受处分期间，未再发生构成处分的违纪行为，撤销处分（留置最短期限）的时间一般为：警告处分 3 个月、严重警告处分 6 个月、记过处分 6 个月、留校察看处分 12 个月。在受处分期间，未再发生构成处分的违纪行为，但受到通报批评，或无明显改进者，给予酌情延长处分时间。

5. 有以下行为之一者，经本人提出申请，学校研究决定，可以提前撤销处分或减轻处分：
① 学生积极参加校、系、班的各项活动，代表学校参加各类比赛。
② 主动为师生服务，获得师生认可。
③ 学习成绩有显著提高，获得任课教师、班主任的认可。
④ 在市级以上大赛中获奖。
⑤ 学生月度操行评分连续三个月达到 90 分以上。
⑥ 遇到突发事件，能及时上报老师，有优秀表现，作用突出，消除安全隐患。
⑦ 在顶岗实习、工学交替期间，表现突出，获得企业好评。
⑧ 有其他为班级、系部、学校及社会做出突出贡献的行为。
⑨ 违纪后能主动承认错误，态度端正，认识深刻，积极协助学校调查处理，并有明显悔改表现，可酌情减轻处分。

6. 有下列情况之一者，可从重处理：
① 违纪后不能认识自己的错误，态度恶劣，拒不配合调查处理者。
② 撤销处分后或在受处分期间，再有违纪现象者。

③ 利用网络传播不良信息、散布谣言、侮辱诽谤他人者。

④ 在校外违法违纪，被公安机关依法处罚过，造成严重后果者。

7. 学生对学校做出的处分决定有异议的，可以按照有关规定提出申诉。学校应按照《学生申诉办法》及有关程序办理。

三、附则

1. 本办法自发布之日起实施。
2. 学生处负责对本条例进行解释。

第四部分 安全管理

学生安全教育及管理规定

为了建立校园安全长效机制，营造安全健康育人环境，加强学校管理，维护正常的教育教学秩序，保障学生人身财产安全，促进学生身心健康发展，强化学生安全意识、培养安全行为、养成安全习惯、提升安全能力，特制定本管理规定。

学生安全教育及管理的主要任务是：宣传、贯彻国家有关安全管理工作的方针、政策、法律、法规，对学生进行安全教育及管理，深化学校"十个一"的安全教育（一本教育手册、一个广播宣传和安全专栏、一份安全教育期刊、一次消防和灭火演习、一次法制安全知识讲座、一次社会实践、一次安全法制黑板报设计大赛、一次主题班会、一次特别安全提示、一次安全法制影片等教育），妥善处理各类安全事故，引导学生健康成长，积极构建安全、和谐、稳定的平安校园。

学生安全教育及管理，要以预防为主，本着保护学生、教育先行、明确责任、教管结合、实事求是、妥善处理的原则，做好宣传教育、管理和处理工作。

一、学校安全教育管理内容

1. 学校将对学生进行安全教育作为一项经常性工作，列入学校工作的重要议事日程，加强组织领导。学校各校区、各部门相互配合，积极开展形式多样的安全教育，普及安全知识，增强学生的安全意识和法制观念，提高安全防范能力。学生会应设立安全部，各班设立安全班委，各宿舍设置安全员，相关学生干部明确责任，履职尽责。

2. 学校学生安全教育工作应根据不同专业及学生特点，从学生入学到毕业，学校、系部和班级在各项教育教学活动和日常生活中，特别是节假日前适时进行安全教育，教育指导学生防患于未然。学校根据校园环境、季节及相关案例进行防盗、防火、防灾、防病、防事故等方面的教育，采取参观、听讲座、阅读安全期刊、观看安全影片、设立安全橱窗、安全知识问答与竞赛等多种形式，对学生进行各种安全知识教育与宣传，树立和提高安全防范意识，自觉养成安全习惯，并使之常态化、制度化、标准化。

3. 学校应把安全教育及管理工作纳入年度工作责任目标，落实到各部门及全体师生，同时大力部署和开展学校及周边地区社会治安综合治理。学生处及各系部、班主任要做好学生日常安全管理工作，加强宣传，注意防范，建立健全安全规章制度，严格管理。同时，加大学生安全能力教育与训练实施的力度，健全学校相关安全管理制度，完善学校安全工作流程和标准。

4. 系部、班级组织集体或社会实践等活动，须经学校同意，学校相关部门做好安全教育和管理工作，并按学校规定进行安全审查，及时上报应急安全预案，确保学生安全。

二、安全教育管理规定

学生须严格遵守学校制定的安全管理规定：

1. 学生须树立安全第一的思想，配合学校、系部和班主任努力做好自身安全防范工作，确保自我人身和财产安全。同时，学生还应注意保持健康的心理状态，努力克服各种原因造成的心理困惑，消除各类安全隐患。

2. 学生须严格遵守国家法律法规和学校的各项规章制度，注意自身的人身和财物安全，防止各类事故的发生。

3. 学生在日常教学及各项活动中，须遵守各项纪律和有关规定，听从指导，服从管理；在公共场所，要遵守社会公德，增强安全防范意识，提高自我保护能力。

4. 学生应严格遵守并执行学生公寓管理相关制度和规定，自觉维护宿舍的安全与卫生，提高自我管理能力。

5. 学生应积极参加学校组织的安全能力训练，提高自身安全防范能力。训练内容包括：学生在不同场所的疏散演练，初级火灾灭火实操演练，消防水带的连接使用等。

6. 学生发生安全意外事故，以及学生要求保护人身或财产安全等情况时，学校相关部门应迅速采取有效措施、及时妥当处理，并依程序第一时间向上级有关部门如实上报。

7. 学生发现交通、自然灾害或刑事、治安案件等事故，应立即保护现场，及时报告学校和老师，协助配合到场老师采取科学措施进行现场处置，控制事态发展，减轻事故伤害和损失。

8. 学生如有违反以上规定，视情节轻重和认错态度，给予相应纪律处分。

学生大型活动安全管理规定

为规范学校开展校内外学生大型活动，增强学生的组织纪律观念，贯彻"安全第一，预防为主"的安全工作方针，坚持以人为本的原则，积极防范和及时处置在学生大型活动中发生的突发公共事件，确保全校师生参加各项大型活动的安全，杜绝各类安全事故发生，保证良好的教学秩序，依据《北京市大型群众性活动安全管理条例》，特制定此规定。

本规定中学生大型活动包括：运动会、晚会、社会实践、歌咏比赛、篮球赛、足球赛等。

举办大型活动的部门会同学生处、安全保卫处、各系部，负责学生大型活动安全管理。

管理规定如下：

第一条 学生大型活动实行"一事一报"制。已形成规律的系列活动，如新生入学教育、全校运动会等，和必须由若干分项活动完成的大型活动，如篮球、排球赛等，按一项大型活动进行申请。

第二条 所有学生大型活动，主办部门必须填写《北京市商业学校大型活动申请表》，以书面形式制定应急预案，必须提前报校保卫处审批备案。内容包括：活动概况、纪律要求、安全防范措施、现场处置方案、举办部门负责人、活动场地管理部门负责人、安全管理部门负责人等内容。

第三条 根据"谁主管谁负责"的原则，大型活动的组织者，是大型活动的安全责任人，负有保护公共财产、人员安全、维护治安秩序的主要责任。相关职能部门负有协助、检查、督促大型活动安全管理责任。

第四条 学生在参加大型活动时，组织者必须加强对学生安全教育和管理力度，耐心教育引导学生遵规守纪、保障安全。

第五条 在开展大型活动之前，主办部门要对活动的场地、安全设施及消防设施进行全面检查，必须符合安全要求，经主管部门检查合格后方可开展活动。

第六条 确保活动场地安全通道畅通，便于疏散。若晚上开展活动，须有足够的照明设备和停电应急预案。若开展人数较多的活动，在活动前需检查场地的每个出入口，保证畅通，并做好应急撤离预案。

第七条 组织者须对活动的参与者、观众有明确的纪律要求，应指定区域安全负责人进行检查管理。必要时应联系保卫处派出执勤人员协助维护活动秩序。

第八条 若在校外进行大型活动应提前与有关部门沟通，如发生特殊情况立即向学校和有关部门报告。

第九条 大型活动期间加强值班及各岗工作，坚持"谁主管谁负责，谁值班谁负责"的原则。总值班室、学生处、系部、班主任、公寓等值班人员原则上不允许换班，工作期间准时到岗，坚守岗位，认真负责地开展工作。学生会干部协助值班老师加强管理工作。值班中如发生重大情况，值班教师必须及时报告总值班室，并积极协助处理。

第十条 要高度重视参加大型活动的留宿学生身体健康状况，对特异体质学生进行排查登记，并通报校医务室；对生病学生及时送诊治疗，体温在37.3℃及以上的学生，按规定校外就医治疗。

第十一条 系部及班级在组织活动时，高处不悬挂重物，禁止私拉乱接电线，禁止在灯管上缠绕易燃物。活动结束后，应及时将废弃物清理干净，防止发生火灾。

第十二条 学生在参加大型活动时，必须严格遵守相关场所纪律，听从指挥，特别是遇到紧急情况，不得擅自行动，做到临危不乱，井然有序，稳妥高效地撤离场所，保证活动中安全无事故；同时，学生要保管好个人财物。

第十三条 参加活动的学生及观众进入场地，严禁携带管制刀具和易燃、易爆、剧毒等危禁物品，自觉听从管理人员指挥，遵守社会公德，爱护公共财物，不准进行各类违法违纪活动，校外人员未经允许不得进入场所。

第十四条 在节假日举办大型活动时，要加强学生节假日安全宣传教育工作，确保校园安全。校园禁放烟花爆竹，禁带易燃易爆物品，禁动明火，禁吸烟喝酒；不嬉笑打闹，杜绝危险行为；不与校外闲杂人员交往，不吃无照摊点食品等，切实做好校园安全工作。

第十五条 学校举办大型活动期间，禁止带外校学生、外来人员进入学校；禁止已退学、实习及毕业学生无故进入学校。走读学生参加活动后不能回家的，需提前写留宿申请，经班主任核实、系部同意、学生处审批，方可留宿。

第十六条 不能参加节假日活动的学生，必须经班主任同意，办理正常手续后，方可离校。各系部学生在室内外活动时，要遵守学校纪律，服从统一管理。

第十七条 活动完毕后，离开教室及活动场所时，应进行安全检查，做到关灯、断电、锁门。

第十八条 凡活动场地发生事故，由指定的安全负责人协助保卫处查处。凡因管理不善，秩序混乱而发生各类事故的，应追究主办单位负责人的责任。

第十九条 大型活动举办时间、地点、内容如发生变更或活动取消，主办者应当至少提前两个工作日向保卫处报告。

第二十条 学生大型活动违纪处理办法：

1. 服从管理，文明礼貌，尊重他人。若有起哄、喝倒彩、中途退场的现象，一经发现马上制止，并进行批评教育。

2. 爱护卫生，禁止吸烟，不带食物进入活动区，不乱扔果皮纸屑等杂物，检查发现后没收食品，责令活动后打扫活动场所。

3. 若对活动组织者有意见或建议，应向组织者提出，不得以任何借口，采用任何公开形式，干扰活动的正常进行。违纪者必须马上制止，如有不听劝阻者勒令其退出活动场所。

4. 参加活动的学生严禁携带管制刀具和易燃、易爆、剧毒等危禁物品，一经发现没收，批评教育，并根据学校《学生违纪处分条例》给予相应处分。

5. 违纪情节严重或不服从管理者，根据学校《学生违纪处分条例》给予相应纪律处理；如违反国家法律法规，按相关规定处理。

学生工学交替实践教学安全管理规定

学生工学交替实践教学是培养中职学校学生实践能力的重要教学环节，对于提高学生专业技能与综合素质具有十分重要的作用。为做好学生工学交替实践教学的安全工作，特制定此规定。本规定适用于在我校参加工学交替、实践教学的学生。

第一条 学生必须遵守实习单位的安全保卫规定、劳动纪律和操作规程。在劳动或操作前应接受安全技术训练，作业中应严格遵守操作规程，不得擅自调换工种和设备，更不得擅自动用与实习教学无关的设备、仪器和车辆等。

第二条 上班期间认真完成企业交给的任务，不得有追、跑、打、闹等影响生产安全的行为。

第三条 在企业工作生活期间，学生应注意饮食安全，严禁食用无照摊贩的食物。

第四条 学生上下班回家，应注意交通安全，遵守交通法规，严禁乘坐无照经营车辆。

第五条 不私自离开工作和住宿场所，如需要请假必须由指导老师审批，返回后须主动到指导老师处销假。

第六条　住宿期间严格遵守企业用电管理规定，不私接电源和随意使用电器。

第七条　不得私自进入企业施工、装修及严禁进入等场所，避免个人伤害。

第八条　严禁在公共场所和宿舍吸烟、喝酒、打架。

第九条　不得随意进入他人宿舍、不得影响同学休息。

第十条　学生离开宿舍后，做到断电、关窗、锁门。

第十一条　在工学交替期间的学生，要遵守企业所在地的地方法规，尊重群众的风俗习惯和宗教信仰，爱护老百姓的一草一木，避免与群众发生冲突，做到文明礼貌，维护学校声誉，树立良好形象。

学生实习期间安全管理规定

学生实习是职业学校教学工作的重要环节，而确保学生实习安全更是学校整体教育、教学管理工作中的重要内容，制定学生实习期间安全规定，强化实习生保护自身合法权益和人身安全的意识，加强家校共同监督，校企协同育人，是确保学生顺利完成实习任务重要保证。

第一章　安全规定

第一条　学生校外实习期间，必须遵守国家法律法规，遵守学校及用人单位的各项规章制度，必须服从企业各级领导和学校指导老师的管理，并接受安全教育。

第二条　学生实习期间，原则上不允许离京工作。如确因工作需要离京的，需用人单位与学校协商，学生、家长提交申请。经学校统一并与用人单位签订用人协议、安全责任书，同学生、家长签订安全责任书后方可离京。

第三条　实习期间，学生如因工作关系，需要在外租住房屋，要求学生提高安全防范意识。要对居住周边环境安全加以甄别和选择，人走关门窗、及时断电，防范可疑人员尾随，注意保护好自己的财物。使用各类电器、燃器时，要按安全程序操作。

第四条　学生必须服从校外实习单位的管理，尊重实习单位的指导师傅，听从指导师傅的安排，必须遵守实习单位的安全管理规定、劳动纪律和操作规程。在劳动或操作前应接受安全技术培训，工作中应严格遵守操作规程，未经允许不得擅自调换工种和设备，更不得擅自动用与实习教学无关的设备、仪器和车辆等；

第五条 加强学习交通安全法律法规，提高交通安全意识，学会识别交通信号标志、标线，懂得行路、乘车、骑车的有关规定和常识，养成知法、守法的良好习惯，掌握自救自护的知识，增强防范交通事故和机智的处理各种危险情况的能力。学生上下班骑自行车及乘坐其它交通工具均要注意安全，要防滑防摔、防碰防撞、防盗防抢。

第六条 实习期间学生应注意饮食安全，不得食用无照摊贩的食物。

第七条 在校外自觉遵纪守法，遵守社会公德，严格约束自己，做到及时回家，不随意在外住宿，交友（特别是女孩子）要慎重，不结交不良朋友和不良社会青年，做重要决定时要征求父母的意见。不参加非法活动，树立中专生良好形象，努力做首都文明公民。另外，家长要经常和孩子沟通，掌握学生工作和生活规律，做好监督工作，防患于未然。

第二章 安全管理流程

第八条 组织学生学习学校安全各项规章制度，学习填写实习基本情况。

第九条 实习学生每天在习讯云签到并如实汇报本人实习情况。

第十条 实习学生每月在习讯云上填写月报。

第十一条 学生如遇到特殊情况第一时间向企业指导老师汇报，问题无法解决时及时向班主任及系部领导汇报。

第十二条 班主任必须随时掌握学生实习安全情况，若遇到特殊问题及时上报学生处和招就处。

第十三条 学校与企业协商共同解决处理突发事件。

第十四条 学生实习期间严重违纪，学校根据与企业实习协议对学生给予处罚。

第三章 实习期违纪处理办法

第十五条 实习学生，应牢固树立起"安全第一"的思想。在实习单位要爱护劳动工具和仪器设备，不违章操作和使用，如违反操作规定，损坏设备设施者照价赔偿并进行评教育，如故意损害者加倍赔偿并给予相应的纪律处分。

第十六条　实习期间,学生必须签订安全协议书,因不遵守安全协议而发生的安全事故,由学生自负。

第十七条　未经带队老师和实习单位允许擅自离开实习单位的或不遵守相关规定被实习单位辞退的,将视情节根据给予记过及以上处分,情节特别严重者给予开除学籍处分。

第十八条　学生实习期间违反安全制度的处理:

1. 对初次或情节较轻的学生进行批评教育并作出深刻检查和认识。

2. 对多次违反或较重的学生经批评教育后,并给予相应的纪律处分并通报家长,经老师和企业管理人员同意后继续完成工学交替任务。

3. 对严重违反安全管理规定并造成严重后果的同学,停止其实习并实习成绩为不合格。

4. 对给学校和企业造成严重影响的,对该生进行开除学籍处分。

第四章　附则

第十九条　制度的起草与归口管理

本管理规定由学生处负责起草,报校长批准后正式下达,学生处归口管理。

第二十条　制度的修订

本管理规定根据需要不定期进行修订。校属单位、相关部门均有权根据业务需要对本管理规定内容提出修改意见,并提交学生处。学生处负责收集整理校属单位、相关部门提出的修改意见,并安排有关人员进行专题讨论,对修改信息进行全面评估后组织修订本管理规定及相关文件。

第二十一条　本管理规定由学生处负责解释。

第二十二条　本管理规定自发布之日起实施,原管理办法同时废止。

学生重大疾病和传染性疾病管理办法

为有效预防、及时控制和消除学校学生重大疾病和传染性疾病的危害,规范各类重大疾病和传染性疾病的应急处理工作，建立健全统一指挥、反应灵敏、协调有序、运转高效、保障有力的学校突发公共卫生事件应急处置体系，最大限度减少重大疾病和传染性疾病造成的人员伤亡、健康损害和财产损失，保障全体师生员工身体健康和生命安全，维护学校正常的教学秩序和校园稳定。依据《中华人民共和国突发事件应对法》《突发公共卫生事件应急条例》《中华人民共和国传染病防治法》《突发公共卫生事件与传染病疫情监测信息报告管理办法》等法律法规，以及《国家突发公共卫生事件应急预案》《北京市突发公共事件总体应急预案》《北京市昌平区突发公共卫生事件应急预案》等应急预案的要求，结合我校实际情况，特制定本管理办法。

本管理办法适用于我校突然发生的、造成或者可能造成师生身心健康严重损害的重大传染病或公共卫生事件的应急处理工作。

一、工作原则

1. 预防为主，常备不懈。提高学校对突发公共卫生事件的防范意识，落实各项防范措施，做好人员、技术、物资和设备的应急储备工作。对各类可能引发重大疾病和传染性疾病的情况要及时进行分析、预警，做到早发现、早报告、早处理。

2. 统一领导，分级负责。根据重大疾病和传染性疾病的范围、性质和危害程度，对学生重大疾病和传染性疾病实行严格管理，成立应急工作组，统一领导和指挥，各有关部门按照管理规定，在各自的职责范围内做好重大疾病和传染性疾病应急处理的有关工作。

3. 依法规范，措施果断。按照相关法律、法规和规章的规定，对学生重大疾病和传染性疾病可能发生的公共卫生事件做出快速反应，及时、有效开展监测、报告和处理工作。

二、疾病的监测、预警和报告

(一) 监测

建立学生重大疾病和传染性疾病的监测系统。在学校建立晨、午、晚检监测制度，班主任对本班学生进行监测，对缺勤学生进行逐一登记，查明缺勤原因。对因健康原因缺勤者进行追踪观察，将患病情况及时告知医务室，必要时尽快到医务室就诊，医生根据患病情况采取进一步措施。

(二) 预警

重视信息的收集，做好预防工作。

(三)学生重大疾病和传染性疾病的报告

1. 责任报告单位和责任报告人

(1) 建立自下而上的重大疾病和传染性疾病逐级报告制度，并确保监测和预警系统的正常运行，及时发现潜在隐患以及可能发生的突发事件。

(2) 严格执行学校学生重大疾病和传染性疾病报告程序。在传染病暴发、流行期间，对疫情实行日报告制度和零报告制度。学校应严格按程序逐级报告，确保信息畅通。

(3) 出现集体性传染病，医务室及学校有关部门应立即向主管校领导报告。

2. 突发学生重大疾病和传染性疾病的报告时限和程序

学生重大疾病和传染性疾病的相关信息要以最快的通讯方式在2小时之内向所在地段区疾病预防控制中心报告。

3. 任何部门和个人不得隐瞒、缓报、谎报或者授意他人隐瞒、缓报、谎报突发事件。

三、学生重大疾病和传染性疾病的应急响应

(一)应急响应原则

学校发生重大疾病和传染性疾病时，要高度重视，按照分级响应的原则，作出相应级别的应急反应。要根据突发公共卫生事件的性质和特点，注重分析事件的发展趋势，确保迅速、有效控制学生重大疾病和传染性疾病传播，维护校园稳定。

(二)应急响应措施

1. 学生重大疾病和传染性疾病事件领导小组

(1) 组织协调有关部门参与学生重大疾病和传染性疾病的处理。

(2) 根据学生重大疾病和传染性疾病处理需要，协调各类人员、物资、交通工具和相关设施、设备参加应急处理工作。

2. 学生重大疾病和传染性疾病控制措施

可采取以下学生重大疾病和传染性疾病控制措施：

(1) 停止大型集会以及其他人群聚集的活动。

(2) 根据需要组织开展应急疫苗接种、预防服药。

(3) 根据上级有关部门的决定，开展卫生检疫等。

(4) 普及卫生知识。针对突发公共卫生事件的性质，有针对性地开展卫生知识宣教，提高师生健康意识和自我防护能力，消除心理障碍，开展心理危机干预工作。

（5）学生重大疾病和传染性疾病报告：根据报告时限和程序要求，上报突发公共卫生事件。

3. 应急响应程序

当确认学生重大疾病和传染性疾病即将发生或已经发生时，医务人员要迅速拨打 3289（校党委办公室内线）、3237（校长办公室内线）或外线 81761640、81761419，夜间 3210（校总值班室）或外线 81763286，并迅速赶赴现场，判断伤情，迅速向学校应急领导小组汇报，采取有力措施，最大限度地进行救援，把伤害减小到最低程度。

学生安全和突发事件应急处理办法

校园意外突发事件是学校最为常见的安全事故，威胁着学生的身心健康。校园意外突发事件的应急处理是否得当，不仅直接关系到学生的生命健康，同时也涉及学校乃至社会的稳定。为防患于未然，切实有效地控制意外突发事件带来的危害，及时有效地给予应急处置，最大限度地减少意外事故带来的损失，保障全体学生身体健康与生命安全，维护正常的教育教学秩序，保证学校各项工作顺利开展，特制定本应急处理办法。

一、校园安全和突发事件

本规定中所指校园突发事件是指在校园内突然发生的，造成或者可能造成严重社会危害，影响学生安全与正常的生活和学习，须采取应急处置措施予以应对的事故灾难和社会安全事件，具体包括：

1. 校火灾事故。
2. 组织外出活动时的意外事故。
3. 学校建设、校舍及设施设备引起的安全事故。
4. 学校食堂供餐或其他食品、饮品引发的群体性食物中毒事故。
5. 集体活动中或课间大量学生的相互挤压事故。
6. 来自校内外的袭击、伤害性事件；学生失踪、绑架事件。
7. 感染性或季节性、暴发性疾病等公共卫生事件。
8. 由各种原因发生的学生出走、自伤、自虐、自杀事件。

9. 学校财产被盗事件。

10. 学生在非教学时间的校外意外伤亡事件。

11. 在校学生刑事犯罪事件。

12. 其它自然或人为的突发恶性事件。

二、处理办法

（一）学生在校内或在学校组织的校外活动过程中发生突发事件，学校应当及时采取措施救助受伤害的学生。（处理流程详见附件10）

1. 教师发现应立即终止有关工作或活动，及时疏散、保护其他学生，控制事态发展，同时向总值班室报告；若学生发现就近报告教师，保护好自己，尽量控制事态发展，同时向总值班室报告。

2. 总值班人员到场，并通知系部派人员到现场，同时通知带班主任及校领导，进一步控制事态发展，了解现场情况。

3. 现场的教职工要及时采取科学的急救措施，将受伤害学生送往医院或直接向应急联动中心及急救中心求助；有条件的，采取紧急救援等方式救助，对受伤害学生进行紧急救治。

4. 学校主要负责人及时到达事故现场，积极组织开展救治工作。学校应在24小时内将有关情况报告学校上级单位及教育行政主管部门；重大事故应在事故发生2小时内准确真实地上报。

5. 积极协助卫生机构救治受伤害学生，安排好受伤害学生的陪护工作。

6. 事故发生后，学校应及时调查事故原因、保护事故现场和相关证据，包括人证、物证（含文字、声像等材料），避免事故现场遭到人为破坏，同时请求公安、卫生等部门进行调查和处理。

7. 落实公安、卫生等部门的其他措施，把事态控制在最小范围内。

8. 协助配合公安、卫生等部门进行调查取证，如实提供真实情况和相关证据。

9. 学校应及时通报突发事件发生的经过处理情况，尽快恢复学校正常的教育教学秩序，确保师生思想情绪稳定。

（二）学生在校内或在学校组织的校外活动过程中发生突发事件，学校要及时将意外事故告知受伤害学生家长，并报上级主管部门。

1. 及时将意外事故告知受伤害学生家长，请学生家长立即赶到现场，并提供真实情况和证据。

2. 现场由学校主要负责人向家长介绍事故发生的经过及学校所采取的相应急救措施。

3. 做好受伤害学生家长的安抚工作。

4. 陪同学生家长前往医院，慰问受伤害学生。

5. 陪同学生家长前往公安、卫生等部门了解事故发生认定的结论。

6. 学校应及时通报意外突发事件发生的经过处理情况，配合上级教育主管部门积极开展工作，尽快恢复学校正常的教育教学秩序，确保师生思想情绪稳定。

（三）关于突发事件的后续处理。

1. 针对突发事件处理，双方当事人可通过自行协商的方式进行；也可按照自愿原则，书面请求当地教育行政部门协商。

2. 不愿协商协调或者经协商协调不成的，可以委托第三方机构进行协调解决，也可以依法向人民法院提起诉讼。

3. 在调解期限内，双方未能达成一致意见的，或一方提起诉讼、人民法院已经受理的，终止调解。经教育行政部门调解，双方就事故处理达成一致意见的，应当在调解人员见证下签订调解协议，调解终止。

4. 经调解达成的协议，一方当事人不履行或者反悔的，双方当事人均可以提起诉讼。

5. 学生突发事件处理结束后，学校应及时将突发事件处理结果以书面报告的形式上报学校上级单位和教育主管部门。

附件 10-学生安全和突发事件应急处理流程

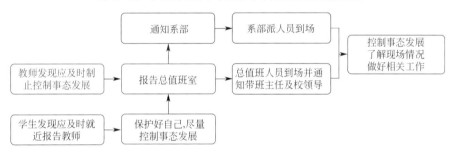

第五部分 学生权益

资助管理办法

第一章 总则

第一条 为加强学校学生资助资金管理工作,确保政府资助资金安全运转和各项资助政策顺利实施,按照财政部、教育部、人力资源社会保障部、退役军人部、中央军委国防动员部五部门《关于印发〈学生资助金管理办法〉的通知》(财科教【2019】19号),财政部、教育部《关于调整职业院校奖助学金政策的通知》(财教【2019】25号),教育部、人力资源社会保障部、财政部《关于印发〈中等职业教育国家奖学金评审暂行办法〉的通知》(教财函【2019】104号),《北京市高等教育、中等职业教育、普通高中学生资助资金管理实施办法》(京教财【2020】22号)等文件及有关规定,制定本办法。

第二条 学生资助资金是专门用于资助家庭经济困难本学生在校学习和生活,帮助其顺利完成学业的专项资金,包括中等职业教育国家奖学金、北京市中等职业学校政府奖学金、中等职业教育免学费及国家助学金。

第三条 资助资金适用的范围为学校全日制正式学籍(北京市中等职业学校统一招生录取或纳入北京市中等职业学校统一招生计划录取的外地生源)的在校

学生。

第四条 资助资金的评定工作坚持公开、公平、公正的原则。资金专款专用，同时接受学校资助监察小组及上级主管单位的检查和监督。

第二章 管理机构与职责

第五条 学校学生处负责日常资助工作，包括评审、发放、宣传以及组织资助工作培训等，并对系（部）资助工作进行检查、监督和考核。

第六条 学生处、财务审计处负责学生资助资金的核算和发放。

第七条 成立北京市商业学校资助工作领导小组、北京市商业学校资助工作小组、北京市商业学校纪检监察小组，对学校资助工作进行管理、检查、监督。

第三章 评审程序

第八条 中等职业教育国家奖学金、北京市中等职业学校政府奖学金、中等职业教育免学费及国家助学金按学年申请和评审，主要在秋季学期实施。

第九条 具体评审程序如下：

1. 发布通知。
2. 学生申请。
3. 学校初评、复评。
4. 公示。学校在受理学生申请后，组织初审，并将初审结果在学校内进行不少于5个工作日的公示。公示无异议后，填写相关汇总表上报至北京市学生资助管理中心。
5. 学生处审核和公布。学生处对各系部报送的初评结果及相关材料进行复核，复核过程中如对初评结果有异议，应及时了解情况，并有权对审核结果进行调整。学生处对复核结果进行审议。学生处对审议通过的名单予以公布。

第四章 资金管理

第十条 学生资助资金实行校长负责制，校长对学生信息的真实性和学生资助资金的使用管理负主要责任。

第十一条 学生资助资金实行分账核算、专款专用，不得截留、挤占、挪用，账户中的结余资金实行滚存，不得虚报、冒领、截留、挪用、挤占专项资金，无其他违规违纪行为，自觉接受审计、监察部门的监督检查。

第五章　发放与监督

第十二条　受助学生须办理中职学生资助卡，资助资金直接发放到受助学生资助卡中，不得以实物或服务等形式抵顶或扣减学生资助资金。

第十三条　学生处、财务处负责资助资金的核算和发放。资助资金发放不成功的，由学生处通知学生进行后续处理。

第十四条　资助资金在申请、审核、公示、发放过程中，受学校纪检监察小组及上级主管部门监察与监督。

第六章　资助资金的终止

第十五条　受助学生有下列情况之一者，经核实后中止其资助资金发放（助学金和免学费）

（一）助学金的中止

1. 事实与政策不符等情况，经核实，其资助标准从资助条件发生变化的次月进行调整。

2. 在校学习期间办理休学、入伍等手续并保留学籍的学生，从确定的次月至复学的当月停止享受国家助学金。

3. 学生转出学校后，学校从转学的次月起停发国家助学金。

4. 学生在留级期间停止享受国家助学金。

（二）免学费的中止

1. 学生提供证件过有效期、事实与政策不符等情况；

2. 入学前为农村学生，后家庭均转为非农户籍；

3. 一学年内，学生只在一个学校享受免学费补助政策，中途转学的，不能再次享受新学校免学费补助政策。

第七章　附则

第十六条　本制度自发布之日起实施。

第十七条　本规定由学生处负责解释。

中职国家奖学金评选实施细则

第一章 总则

第一条 根据《教育部 人力资源社会保障部 财政部关于印发〈中等职业教育国家奖学金评审暂行办法〉的通知》（教财函〔2019〕104号）、《北京市高等教育、中等职业教育、普通高中学生资助资金管理实施办法》（京教财【2020】22号）文件精神，结合学校实际情况，制定本实施细则。

第二条 中等职业教育国家奖学金（以下简称国家奖学金）用于奖励全日制学历教育具有本市正式学籍的在校生中特别优秀的学生，每生每年6000元。

第三条 享受范围为二年级及以上全日制正式学籍（北京市中等职业学校统一招生录取或纳入北京市中等职业学校统一招生计划录取的外地生源）的在校学生。

第二章 主要内容

第四条 基本申请条件

（一）具有中华人民共和国国籍；

（二）热爱社会主义祖国，拥护中国共产党的领导；

（三）遵守法律法规，遵守《中等职业学校学生公约》，遵守学校规章制度；

（四）诚实守信，关心集体，热爱劳动，尊敬师长，道德品质优良，积极参加学校的各项活动；

（五）积极上进，刻苦学习，专业知识扎实，职业技能熟练；

（六）在校期间学习成绩、道德风尚、专业技能、社会实践、创新能力、综合素质等方面表现特别优秀。

第五条 在符合基本条件前提下，国家奖学金的申请人还应满足以下具体条件：

（一）年级要求：全日制二年级及以上学生。

（二）成绩表现等要求：学习成绩排名位于年级同一专业前5%（含5%）的

学生可以申请国家奖学金。学习成绩排名位于年级同一专业排名未进入5%，但达到前30%（含30%）且在道德风尚、专业技能、社会实践、创新能力、综合素质等方面表现特别突出的，可以申请国家奖学金。同时需要提交详细的证明材料，证明材料须由学校审核后加盖学校公章。学习成绩排名未进入30%的，不具备申请资格。

（三）"表现特别突出"主要是指：

1. 在社会主义精神文明建设中表现突出，具有见义勇为、助人为乐、奉献爱心、服务社会、自立自强等实际行动，在本校、本地区产生重大影响，在全国产生较大影响，有助于树立良好的社会风尚。

2. 在专业技能竞赛方面取得显著成绩，在全国职业院校技能大赛、中国技能大赛、世界技能大赛或同等水平国际和全国性赛项中获得三等奖及以上奖励；以上赛项省级选拔赛获得二等奖及以上奖励。

3. 在创新发明方面取得显著成绩，科研成果获省、部级以上奖励或获得通过专家鉴定的国家专利（不包括实用新型专利、外观设计专利）。

4. 在体育竞赛中取得显著成绩，为国家争得荣誉。非体育专业学生参加省级及以上体育比赛获得个人项目前三名，集体项目前二名。体育专业学生参加国际和全国性体育比赛获得个人项目前三名、集体项目前二名。集体项目应为上场的主力队。

5. 在重要艺术展演文艺比赛中取得显著成绩。非艺术类专业学生参加全国中小学艺术展演或同等水平比赛，获得三等奖及以上或前三名奖励；艺术类专业学生参加全国中小学艺术展演或同等水平全国性比赛及国际性比赛，获得三等奖及以上或前三名奖励，以上展演（比赛）省级遴选获得二等奖及以上或前二名奖励。集体项目应为主要演员。

6. 获省级及以上三好学生、优秀学生干部、社会实践先进个人、杰出青年、五四奖章等个人表彰或荣誉称号。

7. 参加全国中等职业学校文明风采优秀作品展示展演的个人或集体项目主要创作人员。

8. 在创业等其他方面有优异表现的。

第六条 评审程序（详见附件11）

（一）初评和推荐

学生本人申请，各系部收集、整理、筛选符合条件者材料开展初评。各系部评议后，推荐本系部参评名单至学生处汇总。

（二）审核和复评

学生处审核系部报送学生材料，审查推荐学生资格条件是否符合要求、提交材料是否齐全。

组织召开中职国家奖学金评审工作会议，确定参评学生名单。

（三）公示和上报

学生处将评审结果在学校公告栏和网站进行公示（不少于5个工作日），接受师生监督，受理师生投诉。

整理学生材料，形成评审报告，将经过公示和参评学生名单上报北京市资助中心。

第七条 国家奖学金、政府奖学金每学年申请和评审一次，同一学年内国家奖学金和政府奖学金不能同时获得。

第八条 学校按市资助中心审批名单及相关要求按时足额将奖学金发放到学生的银行卡中。

第三章　附则

第九条 本细则自发布之日起实施。
第十条 本细则由学生处负责解释。

附件11- 中职国家奖学金评选流程

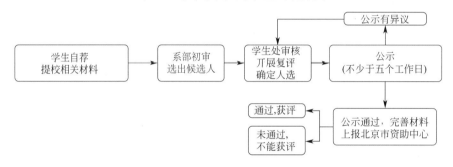

国家助学金管理实施细则

第一章　总　则

第一条 为贯彻《北京市高等教育、中等职业教育、普通高中学生资助资金管理实施办法》（京教财【2020】22号）文件精神，结合我校实际，制定本细则。

第二条 中等职业教育国家助学金（以下简称国家助学金），用于资助全日制学历教育具有正式学籍的涉农专业学生和家庭经济困难学生，要求满足家庭经济困难，生活俭朴，或者有关政策文件规定的其他情况。

第三条 国家助学金分为两等：一等国家助学金每生每年 2500 元，资助建档立卡贫困家庭学生、最低生活保障家庭学生、特困供养学生、孤儿、事实无人抚养儿童、享受定期抚恤补助的优抚对象及其子女、领取生活困难补助金对象及其子女、领取生活困难补助金的重残学生及重残人子女、烈士子女、因公牺牲民警子女。二等国家助学金每生每年 1800 元，资助低收入家庭学生、低收入农户学生、残疾学生及残疾人子女、涉农专业学生。一、二等国家助学金不可重复享受。

第二章　主要内容

第四条 基本条件及证明材料

家庭经济困难学生包括建档立卡贫困家庭学生、最低生活保障家庭学生、特困供养学生、孤儿、事实无人抚养儿童、享受定期抚恤补助的优抚对象及其子女、领取生活困难补助金对象及其子女、残疾学生及残疾人子女、烈士子女、因公牺牲民警子女、低收入家庭学生、低收入农户学生。

（一）一等国家助学金

1. 建档立卡贫困家庭学生需符合国务院扶贫办发布的《扶贫开发建档立卡工作方案》相关规定，在全国扶贫开发信息系统中建立电子信息档案，持有《扶贫手册》；

2. 最低生活保障家庭学生出具由民政部门核发的《北京市城乡居民最低生活保障金领取证》；

3. 特困供养学生出具由民政部门核发的《特困人员救助供养证》；

4. 孤儿、事实无人抚养儿童出具其户籍所在区民政部门开具的证明；

事实无人抚养儿童是指：

（1）父母双方均符合残疾、重病、服刑在押、强制隔离戒毒、被执行其他限制人身自由的措施或失联的；

（2）父母一方死亡或失踪，另一方符合残疾、重病、服刑在押、强制隔离戒毒、被执行其他限制人身自由的措施或失联的；

（3）父母双方被撤销监护人监护资格，且没有其他监护人抚养的。

5. 享受定期抚恤补助的优抚对象及其子女由申请学生所在学校向享受定期抚恤补助的优抚对象户籍所在地的区退役军人事务局发函确认领取生活困难补助金对象及其子女出具《北京市城市居民生活困难补助金领取证》；

6. 领取生活困难补助金对象及其子女出具《北京市城市居民生活困难补助金领取证》；

7. 领取生活困难补助金的重残学生及重残人子女出具北京市残疾人两项补贴档案信息表；

8. 烈士子女出具本人户口本、其直系家属的《中华人民共和国烈士证明书》

或《烈士光荣证》；

9. 因公牺牲民警子女出具《人民警察因公牺牲证明书》和户口本、出生证，如户口本、出生证仍无法证明亲子关系，需提交户籍派出所或牺牲民警所在单位开具的直系亲属关系证明。

（二）二等国家助学金：

1. 城乡低收入家庭学生出具由民政部门核发的《北京市低收入家庭救助证》；

2. 低收入农户学生出具《北京市低收入农户登记卡》；

3. 残疾学生出具《残疾证》；

4. 残疾人子女出具学生父母的《残疾证》和户口本；

外地生源学生参照北京市证件提供。确实无法提供上述证件的，采取本人（或监护人）承诺和学校核实相结合方式进行资格认定。

第五条　申请流程（详见附件12）

（1）新学期开学两周内向学校提出申请，并提供相关证明材料。

（2）系部根据本实施细则，整理学生材料，组织初审。

（3）学生处整理审核学生材料，受理学生申请。

（4）申请人名单在校内进行不少于5个工作日的公示。

（5）公示无异议后，完成系统填写，上报至北京市学生资助管理中心。

第六条　国家助学金的终止

受助学生有下列情况之一者，经核实后中止其助学金发放：

1. 事实与政策不符等情况，经核实，其资助标准从资助条件发生变化的次月进行调整。

2. 在校学习期间办理休学、入伍等手续并保留学籍的学生，从确定的次月至复学的当月停止享受国家助学金。

3. 学生转出学校后，学校从转学的次月起停发国家助学金。

4. 学生在留级期间停止享受国家助学金。

第七条　国家助学金的发放

（一）学校为每位受助学生免费办理中职学生资助卡，将国家助学金按时、足额发放到受助学生资助卡中。

（二）国家助学金不得以任何实物或服务等形式抵顶或扣减。

第三章　附　则

第八条　本细则自发布之日起实施。

第九条　本细则由学生处负责解释。

附件 12- 国家助学金申请流程

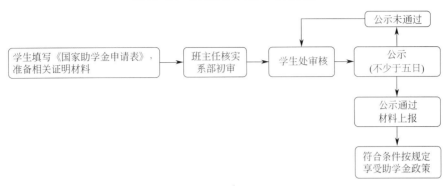

免学费实施细则

第一章　总　则

第一条　为贯彻落实《北京市高等教育、中等职业教育、普通高中学生资助资金管理实施办法》（京教财【2020】22号）文件精神，结合我校实际，制定本细则。

第二条　学校按照《关于调整高级中等学校学费借读费标准的通知》（京价（收）字〔2000〕254号）规定的各专业学费标准免学费，最高免学费补助标准不超过每生每年2800元。

第三条　中等职业教育免学费（以下简称免学费），用于对全日制学历教育具有本市正式学籍的农村（含县镇）学生、涉农专业、戏曲表演专业学生和家庭经济困难学生免除学费（其它艺术类相关表演专业学生除外）。申请免学费学生要求满足家庭经济困难，生活俭朴，或者有关政策文件规定的其他情况。

第四条　学校根据上级要求确定当年免学费方式。

第二章　具体内容

第五条　家庭经济困难学生包括建档立卡贫困家庭学生、最低生活保障家庭学生、特困供养学生、孤儿、事实无人抚养儿童、享受定期抚恤补助的优抚对象及其子女、领取生活困难补助金对象及其子女、残疾学生及残疾人子女、烈士子女、因公牺牲民警子女、低收入家庭学生、低收入农户学生。

第六条 免学费学生资格及相关证件要求

1. 农村学生认定材料为户口簿。入学前为农村户籍学生，原则上每学期需复审学生家庭户籍情况，如全部转为非农户籍则不能享受农村学生待遇。父母和孩子三人中有一人为农村户口，可认定为农村学生。"父母"包括生父母、养父母和有扶养关系的继父母。

2. 建档立卡贫困家庭学生需符合国务院扶贫办发布的《扶贫开发建档立卡工作方案》相关规定，在全国扶贫开发信息系统中建立电子信息档案，持有《扶贫手册》；

3. 最低生活保障家庭学生出具由民政部门核发的《北京市城乡居民最低生活保障金领取证》；

4. 特困供养学生出具由民政部门核发的《特困人员救助供养证》；

5. 孤儿、事实无人抚养儿童出具其户籍所在区民政部门开具的证明。

事实无人抚养儿童是指：

① 父母双方均符合残疾、重病、服刑在押、强制隔离戒毒、被执行其他限制人身自由的措施或失联的；

② 父母一方死亡或失踪，另一方符合残疾、重病、服刑在押、强制隔离戒毒、被执行其他限制人身自由的措施或失联的；

③ 父母双方被撤销监护人监护资格，且没有其他监护人抚养的。

6. 享受定期抚恤补助的优抚对象及其子女由申请学生所在学校向享受定期抚恤补助的优抚对象户籍所在地的区退役军人事务局发函确认；

7. 领取生活困难补助金对象及其子女出具《北京市城市居民生活困难补助金领取证》；

8. 残疾学生出具《残疾证》；

9. 残疾人子女出具学生父母的《残疾证》和户口本；

10. 领取生活困难补助金的重残学生及重残人子女出具北京市残疾人两项补贴档案信息表；

11. 烈士子女出具本人户口本、其直系家属的《中华人民共和国烈士证明书》或《烈士光荣证》；

12. 因公牺牲民警子女出具《人民警察因公牺牲证明书》和户口本、出生证，如户口本、出生证仍无法证明亲子关系，需提交户籍派出所或牺牲民警所在单位开具的直系亲属关系证明；

13. 城乡低收入家庭学生出具由民政部门核发的《北京市低收入家庭救助证》；

14. 低收入农户学生出具《北京市低收入农户登记卡》；

15. 外地生源学生参照北京市证件提供。确实无法提供上述证件的，采取本人（或监护人）承诺和学校核实相结合的方式进行资格认定。

第七条 免学费申请流程（详见附件13）

1. 学生在学期开学两周内向学校提出申请，按规定提供相关证明材料；

2. 系部根据本实施细则，整理学生材料，组织初审；

3. 学生处整理审核学生材料，确定免学费学生名单；
4. 免学费学生名单须进行不少于5个工作日的校内公示；
5. 公示无异议后，完成系统填写，上报至北京市学生资助管理中心。

第八条 免学费的终止

有下列情况之一者，经核实后中止其享受免学费政策：

1. 学生提供证件过有效期、事实与政策不符等情况；
2. 入学前为农村学生，后家庭均转为非农户籍；
3. 一学年内，学生只在一个学校享受免学费补助政策，中途转学的，不能再次享受新学校免学费补助政策。

第九条 学费退回

根据上级要求，退回申请学期学费。

第三章　附　则

第十条 本细则自发布之日起实施。

第十一条 本细则由学生处负责解释。

附件13- 免学费申请流程

北京市政府奖学金评选实施细则

第一章　总　则

第一条 根据《北京市高等教育、中等职业教育、普通高中学生资助资金管理实施办法》（京教财【2020】22号）文件精神，制定本实施细则。

第二条 中等职业教育政府奖学金（以下简称政府奖学金），用于奖励全日制学历教育具有本市正式学籍、本市户籍（或纳入北京市中等职业学校统一招生计划录取的外地生源）的在校生中品学兼优的学生，每生每年2000元。

第三条 政府奖学金按学校实行本细则学生总数的5%评定。

第二章 主要内容

第四条 基本申请条件

1. 具有中华人民共和国国籍；
2. 热爱社会主义祖国，拥护中国共产党的领导；
3. 遵守法律法规，遵守《中等职业学校学生公约》，遵守学校规章制度；
4. 诚实守信，关心集体，热爱劳动，尊敬师长，道德品质优良，积极参加学校的各项活动；
5. 积极上进，刻苦学习，专业知识扎实，职业技能熟练。

第五条 在符合基本条件前提下，政府奖学金的申请人还应满足以下具体条件：

1. 年级要求：全日制二年级及以上学生。
2. 成绩表现等要求应符合下列条件之一：

① 上一学年内所学课程考试成绩平均在85分或优良等级以上；

② 上一学年内在市级以上职业技能比赛中获一、二、三等奖；

③ 上一学年内获市级以上表彰的优秀学生。

3. 上一学年内未参加顶岗实习。

第六条 国家奖学金、政府奖学金每学年申请和评审一次，同一学年内国家奖学金和政府奖学金不能同时获得。

第七条 提交材料

1. 《北京市中等职业学校政府奖学金审批表》；
2. 获奖证明材料；
3. 参加市级（含）以上职业技能比赛获奖的学生需提供有效的获奖证书；
4. 获得市级（含）以上表彰的优秀学生需提供有效的荣誉证书。

获奖证书及荣誉证书的颁发日期应在评定学年内，且该证书只能作为该学年的评审证明材料，原则上不得跨学年使用或重复使用。

以上材料均需提供原件和复印件，原件经学校核实完即退还，复印件与该生审批表一同报送。

第八条 评定程序（详见附件14）

（一）初评和推荐

学生本人申请，系部收集、审核《北京市中等职业学校政府奖学金审批表》和证明材料，初步确定学生的获奖资格，推荐本系部参评名单至学生处汇总。

（二）审核和复评

学生处审核系部报送学生材料，组织召开政府奖学金评审工作会议，确定参评学生名单，报学校学生资助工作领导小组审批。

（三）公示和上报

学生处将评审结果在学校公告栏和网站进行公示（不少于5个工作日）接受师生监督，受理师生投诉。

公示无异议后，班主任完成网络申报。学生处整理学生材料，形成评审报告，将参评学生名单上报北京市资助中心。

第九条 市资助中心审核批复后，学生处按要求一次性足额将政府奖学金发放到获奖学生本人银行卡中。政府奖学金不以实物或任何服务等形式抵顶或扣减。

第十条 学生处将审核通过后的审批表存入学生个人档案。将受理结果、公示情况、政府奖学金发放及变动情况等有关凭证进行存档。

第三章　附　则

第十一条 本办法自发布之日起实施。

第十二条 本办法由学生处负责解释。

附件14- 北京市政府奖学金评选流程

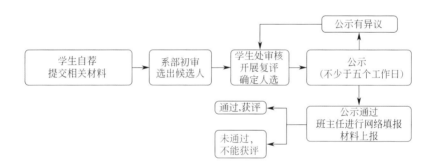

学生勤工助学管理办法（试行）

第一章　总　则

第一条 坚持以习近平新时代中国特色社会主义思想为指导，为全面贯彻落实《国家职业教育改革实施方案》，落实北京市特色高水平职业院校建设任务，深入探索党建引领下五育并举工作模式，加强学校学生勤工助学工作的规范管理，促进勤工助学活动安全、有序开展，帮助家庭经济贫困学生顺利完成学业，服务学生全面发展，结合学校实际情况，制定本办法。

第二条　勤工助学活动是指学生在学校的组织下，利用课余时间，通过劳动取得合法报酬，用于改善学习和生活条件的实践活动。勤工助学是学校学生资助工作的重要组成部分，是提高学生综合职业素养和资助家庭经济困难学生的有效途径。

第三条　勤工助学活动坚持"立足学生、帮助学生、培养学生"的宗旨，按照学有余力、自愿申请、信息公开、扶困优先、择优上岗、遵纪守法、安全至上的原则，由学校在不影响正常教学秩序和学生正常学习的前提下利用课余时间有组织地进行。

第四条　勤工助学活动由学校学生处统一组织和管理。学生在假期私自在校外打工的行为，不在本办法规定之列。

第五条　本办法适用于本校全日制在校学生。

第二章　工作职责

第六条　学生处职责

1. 组织协调全校学生勤工助学活动，安排专人具体负责，了解各系部处室需求，开拓勤工助学渠道，统筹安排勤工助学岗位；

2. 甄选家庭困难学生，提供勤工助学岗位，与用工部门一起对勤工助学情况进行考核；

3. 每月汇总全校学生勤工助学津贴，呈报学校领导审批，并报送财务处，依法依规发放给学生。

第七条　各系部职责

1. 负责本系部勤工助学学生日常管理工作，指导学生参加勤工助学活动及其他劳动。

2. 为用工部门推荐符合要求的勤工助学学生，优先推荐和安排经济困难学生参加勤工助学活动。

3. 维护参加勤工助学活动学生的合法权益。按照实事求是、公平合理的原则，及时帮助解决勤工助学活动中出现的问题。

第八条　用工部门职责

1. 负责对上岗学生进行岗前培训、规章制度教育、安全教育和日常管理工作，并指定专人担任上岗学生的指导教师。

2. 保障学生参加勤工助学活动的安全，不得安排学生从事有毒、有害和危险的生产作业以及超过学生身体承受能力、有碍学生健康的劳动。

3. 每月对勤工助学的学生进行考核，并将考核情况汇总上报学生处。

第九条 学校各系部处室提供的校内学生勤工助学岗位，需经各系部处室书记、主任和主管校领导同意后，方可进行勤工助学活动。

第三章　学生的权利和义务

第十条 参加勤工助学活动的学生拥有以下权利：

1. 参加学校统一安排或组织的各种勤工助学活动；
2. 了解用工部门的有关情况和工作性质；
3. 依法依规按标准获取勤工助学津贴。

第十一条 参加勤工助学活动的学生应履行以下义务：

1. 认真完成学习任务，积极参加学校、系部、班级组织的集体活动，在学有余力的情况下参加勤工助学活动；
2. 履行与学生处和用工部门达成的协议，认真完成勤工助学任务；
3. 遵守国家法律、法规，遵守学校各项规章制度以及用工部门的有关规章制度，维护学校声誉；
4. 学生参加学校勤工助学活动，须经家长、班主任、系部副主任、学生处审批同意方可上岗。

第四章　申请条件与审批程序

第十二条 申请勤工助学的学生必需具备以下条件：

1. 遵守学校各项规章制度，道德品行良好，无违纪处分；
2. 学习努力，成绩及格；
3. 身体健康，能胜任工作；
4. 家庭经济困难（低保、低收入、建档立卡和残疾家庭学生），生活俭朴；有责任心，服从组织安排。

第十三条 审批程序

（一）学生参加勤工助学的审批程序

1. 学生根据学校每学期初发布的勤工助学岗位和职责要求，本人自愿提出申请，经家长同意，填写《北京市商业学校学生勤工助学申请表》，报所在班级班主任。
2. 班主任、系部副主任、学生处对学生情况进行全面了解和审核，根据勤工助学岗位职责要求遴选、推荐学生到用工处室面试。

3. 用工部门根据岗位要求，提出聘用意见。

4. 学生处根据用工处室意见，安排面试合格学生上岗。

（二）校内勤工助学岗位申报审批程序

校内勤工助学岗位分固定性岗位和临时性岗位两种。固定性岗位是指持续至少一个学期的长期性岗位；临时性岗位是指通过一次或几次勤工助学活动即可完成任务的工作岗位。具体审批程序如下：

1. 用工处室根据岗位需求，于每学期初填写《北京市商业学校校内勤工助学岗位审批表》，经主管校领导审查后，报送学生处。

2. 学生处汇总各用工部门报送的《北京市商业学校校内勤工助学岗位审批表》，根据学生申报勤工助学情况，选择合适学生到用工部门面试，合格后上岗工作。

第五章　勤工助学岗位管理

第十四条　校内勤工助学岗位管理

1. 各系部处室在安排用工岗位时，应优先录用家庭经济特别困难的学生，同等情况下优先考虑云南保山、河北青龙对口帮扶学生。

2. 学生勤工助学津贴由"中职学生素质提升项目"经费或学费收入总金额的5％计提中支付。

3. 岗位工作量原则上每周（周一至周五）不超过8小时，每月不超过32小时，周末期间岗位工作量原则每天不超过6小时。聘用期限原则上以一学期为限，若要求续聘须重新申请。凡应聘学期有考试考查科目不及格或严重违反校规校纪的学生，原则上不再聘用。

4. 上岗学生如要辞职，应以书面形式提前7天向用工部门和学生处提出申请，经同意后方可离岗，学生处备案。

5. 校内勤工岗位实行以小时计酬的方式，用工部门负责对参加勤工助学的学生进行考勤，并于每月30日前填写《北京市商业学校学生勤工助学统计报表》，报送至学生处。

6. 学生处依据各用工部门报送的考核表，为勤工助学学生统计申报津贴，填写《北京市商业学校　月份学生勤工助学津贴发放表》。

第十五条　津贴标准

1. 固定岗位标准：每小时12元；原则上周一至周五工作时间不得超过2个小时，周末和节假日工作时间每天不得超过6小时。

2. 临时岗位标准：每小时12元，原则上周一至周五工作时间不得超过3个小时，周末和节假日工作时间每天不得超过6小时。

第十六条　津贴发放办法

各系部学生管理部门根据用工处室每月报送的《北京市商业学校学生勤工助学考核表》，填报津贴发放表，统一报学生处，于每月 20 日前报送财务处，由财务处转账至学生银行卡。

第六章　附　则

第十七条　本办法自发布之日起试行，由学生处负责解释。

第六部分 公寓管理

学生公寓管理规定

为加强学生公寓管理，建立公寓管理长效机制，保障学生生命及财产安全，培养学生良好的学习、生活习惯，创建整洁、温馨、高雅、团结、文明、和谐的学习生活环境和校园秩序，特制定本规定。

学生公寓管理的主要任务是：以培养德能兼备现代职业人为目标，贯彻学校德育和学生管理工作任务和要求，坚持"科学教育、热情关心、严格管理"的育人原则，坚持8S管理标准，完善学生公寓环境文化和育人活动体系，对学生进行全方位的教育、管理、服务、指导，促进学生全面健康成长。

学生入住公寓前须认真阅读并签署《学生住宿协议书》，自觉遵守学生公寓各项管理规定。

一、考勤管理

1. 严格遵守作息时间，按时起床、出操、上课、就寝；住宿学生必须在规定时间内离、返宿舍；每晚由宿舍长认真如实地统计、上报宿舍人数，认真签到，有情况及时向公寓管理办公室汇报。

2. 学生在上课期间未经批准一律不得进入公寓。如因生病需要在宿舍休息，须有学校医务室出具的诊断证明，公寓管理老师联系系部说明情况并做登记；如因事需回公寓，须按照"学生进出公寓申请流程"（详见附件15），持经班主任或系部副主任签字的《进出公寓申请单》，方可进入公寓。

3. 周日或节假日返校进入公寓时间为14：00—17：00。公寓值班教师负责进行安全检查，统计考勤，如有特殊情况及时向系部值班教师反馈。

4. 长期留宿学生须符合长期留宿条件，根据"长期留宿学生留校住宿办理流程"，办理留宿证，方可留宿，并严格遵守《长期留宿学生管理办法》相关规定。如学生因特殊情况需要临时留宿，须根据"临时留宿申请流程"，申请临时留宿，批准后方可临时留宿，并严格遵守《临时留宿学生管理办法》相关规定。

5. 住宿学生如退宿走读，须按照"学生退宿转走读办理流程"（详见附件16），填写《学生退宿转走读申请表》，在学生公寓管理办公室登记退宿，取走全部个人物品。

二、纪律管理

1. 严格遵守学校各项规章制度；
2. 严格遵守公寓管理制度；
3. 服从公寓管理老师教育指导；
4. 违纪者将按照《学生违纪处分条例》执行。

三、财产管理

1. 学生入住公寓后须填写《学生公寓财产使用登记表》；
2. 爱护公寓内一切公共财产，损坏公物须照价赔偿；
3. 严禁将大量现金和贵重物品带入公寓，妥善保管好个人财物；
4. 严格遵守《学生公寓公共财产管理规定》。

四、安全管理

1. 宿舍无人时，关好门窗，关闭电灯、空调等电器设备；
2. 发现安全隐患，迅速报告老师，学生不得擅自处理；
3. 学生发生纠纷，及时报告老师，不得私自解决；
4. 严格遵守《学生公寓安全管理规定》。

附件 15- 学生进出公寓申请流程

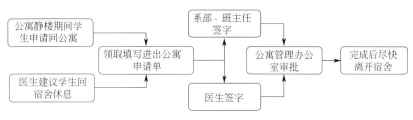

附件 16- 学生退宿转走读申请流程

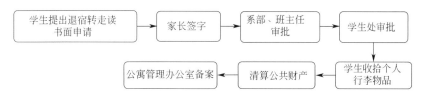

学生公寓安全管理规定

为建立校园安全长效机制，营造安全健康育人环境，保障住宿学生人身及财物安全，促进学生身心健康发展，制定本规定。学生应认真学习、了解公寓的各项规章制度，积极参加学校组织的各种安全教育及培训活动，增强安全意识，提升安全素养，养成安全习惯，提高安全能力。

一、用电安全

1. 严禁使用大功率违禁电器；
2. 严禁在宿舍内私拉乱接电线；
3. 严禁私自开、关空调；
4. 离开宿舍时要关灯断电；
5. 手机、充电宝须到指定地点充电。

二、防火安全

1. 严禁在公寓内使用明火；
2. 严禁在公寓内焚烧杂物；
3. 严禁在公寓内存放易燃易爆物品；
4. 严禁触摸公寓内消防器材。

三、人身安全

  1. 公寓内严禁带管制刀具、利器等违禁品；
  2. 严禁吸烟，严禁喝酒；
  3. 严禁在宿舍赌博、看不健康的书籍或影视；
  4. 严禁在楼道内追跑打闹及剧烈运动；
  5. 严禁坐、趴、站窗台；
  6. 同学之间发生矛盾，应及时向老师反映情况，严禁私自处理，滋事打架；
  7. 进出公寓有序不拥挤，上下楼靠右行走，文明礼让，防止踩踏；
  8. 男女生不得互串公寓，公寓内不得互串宿舍；
  9. 不留宿校外人员和非住宿学生。

四、预防传染病

  1. 严禁携带宠物及小动物进入公寓；
  2. 宿舍勤打扫，及时清理宿舍内的垃圾和杂物，保持宿舍内干净整洁；
  3. 被单、被罩、枕头套等生活用品需常洗常换，被褥需晾晒，保持良好的个人卫生；
  4. 不随意使用他人的物品；
  5. 在公寓管理老师指导下进行定期消毒；
  6. 学生生病应及时就医，如有发热、呕吐等症状，出入宿舍佩戴口罩，立即采取隔离、消毒等相应的措施；
  7. 合理饮食，注意营养，不食用三无食品，不订购外卖；
  8. 按时就寝，适量运动，提高免疫力。

五、财产安全

(一)个人财产

  1. 学生不带贵重物品及大量现金返校；
  2. 个人抽屉、柜门上锁，离开宿舍关窗锁门，保管好自己的钥匙；
  3. 不动用他人贵重物品；
  4. 严禁在宿舍内推销物品；
  5. 手机、充电宝需充电时，应本人办理，不得由他人代办。

(二)公共财产

  1. 按公寓管理规定正确使用公寓内设备设施，不得故意损坏；

2. 不得擅自私改公寓水电设施；
3. 不得擅自更换、拆卸家具物品；
4. 不得以冲水的方式清洗地面，防止楼层渗水；
5. 不得将易堵塞杂物扔进下水管道。

六、网络安全

学生应遵守国家相关法律法规和学校《学生新媒体使用管理办法》，遵守网络礼仪和道德规范，注意网络系统安全。

学生公寓考核评比实施细则

为加强学生公寓管理，创建安全、有序、文明、和谐的公寓环境，奖励优秀，表彰先进，制定本实施细则。

一、集体奖项

1. 优秀宿舍

每学期按照宿舍评比成绩取平均分进行排行，优秀宿舍不超过宿舍总数的 10%。

2. 和谐宿舍

每学期按照宿舍评比成绩取平均分进行排行，和谐宿舍不超过宿舍总数的 15%。

3. 文明宿舍

每学期按照宿舍评比成绩取平均分进行排行，文明宿舍不超过宿舍总数的 20%。

上述集体奖项，需宿舍成员间关系和睦、融洽，无违纪现象。

二、个人奖项

(一) 公管部优秀学生干部

（1）符合学校优秀学生干部评选条件；

(2) 遵纪守法，遵守学校规章制度，生活中起到先锋模范作用，所在宿舍应为文明宿舍以上，积极参加公寓组织的活动；

(3) 积极协助公寓老师做好公寓管理工作，坚守岗位，责任心强，认真负责，踏实肯干；

(4) 主动热情地为同学们服务，讲究方式方法，安全意识强，发现问题及时报告老师。

(二)优秀宿舍长

(1) 宿舍评比中，所在宿舍为优秀宿舍或和谐宿舍；
(2) 宿舍考勤无误报，个人无违纪现象；
(3) 服从配合公寓老师日常管理，支持公管部学生干部工作。

(三)劳动之星

(1) 个人内务表现优异；
(2) 个人无违纪现象；
(3) 学期宿舍评比成绩每天不得低于 98 分；
(4) 服从配合公寓老师日常管理，支持公管部学生干部工作；
(5) 生活中起到先锋模范作用。

学生公寓 8S 管理检查评分细则

学生公寓是在校住宿学生生活休息的主要场所，为科学、合理、有效地管理好学生公寓，提高学生综合素养，培养良好的学习、生活习惯，创建"温馨、高雅、整洁、团结、文明、守纪"的良好公寓环境，制定本评分细则。

公寓管理老师每天依据本评分细则对学生宿舍内务进行打分，满分 100 分。

第一部分 整理、整顿（34 分）

1. 床上：16 分

床单平整无皱褶，被子按军被叠方；枕头摆放按照长、宽边分别距墙和床头 10 厘米的位置，枕头下无物品；被罩、床单、枕巾清洁无变色，床上、床架清洁无杂物（含空床）。

2. 床下：4 分

鞋整齐摆放在鞋架上，每层不超过三双，鞋跟朝外；床下无杂物，无灰尘、地面清洁。

3. 暖瓶、盆架：6 分

（1）暖瓶在规定位置依次排列整齐；

（2）盆架清洁整洁，物品按规定摆放整齐、层次分明。

4. 桌椅：4 分

（1）桌面清洁，无杂物；

（2）椅子（凳子）清洁，椅子摆放整齐，凳子挂在桌子两侧。

5. 衣柜、抽屉、书架：4 分

（1）衣柜内物品摆放整齐，柜门整洁、无污物，柜门上锁。柜顶行李箱码放整齐，无其他杂物；

（2）抽屉内物品摆放整齐，抽屉面无污物，抽屉上锁；

（3）书架清洁、无杂物。

第二部分　清扫、清洁（16 分）

1. 室内地面：4 分

房间内地面清扫清洁，无积水、无杂物，门后无垃圾；清扫工具在规定位置统一码放整齐。

2. 灯具、门、镜、窗：4 分

（1）门、镜、窗、灯具，明亮、清洁、无灰尘；

（2）窗帘拉开，整齐叠放；开窗通风，保持空气流通。

3. 墙壁：4 分

墙壁清洁，无乱贴、乱写、乱画。

4. 室外环境：4 分

（1）宿舍门前地面清洁、无积水；

（2）楼道清洁、无杂物。

第三部分　安全（20 分）

1. 宿舍公用物品、电器：6 分

（1）公用物品无损坏。

（2）离开宿舍关灯、关电源。

（3）严禁私接电线。

（4）严禁使用违禁电器。

2. 个人财物：4 分

（1）不带贵重物品及大量现金到校。

（2）个人抽屉、柜门必须上锁，离开宿舍锁门，保管好自己的钥匙。

（3）不向同学借钱，不随意使用同学财物。

（4）手机、充电宝需充电时严格按照《学生公寓手机充电管理规定》进行，不委托他人。

3. 杜绝一切不安全因素，有严重违纪行为，按照相关规定从严处理：10 分

（1）公寓内严禁带利器，例：水果刀、壁纸刀、大砍刀等，严禁点明火；

（2）健身器械经公寓管理老师同意后方可带入公寓指定地点存放；

（3）严禁吸烟，严防火灾，严禁喝酒，防止滋事打架；

（4）严禁在宿舍赌博、看不健康的书籍或影视；

（5）严禁在楼道内追跑打闹，上下楼时不要拥挤，防止踩踏；

（6）男女生不得互串公寓，公寓内不得互串宿舍；

（7）不留宿校外人员及其他宿舍学生，不得带领走读生进入宿舍；

（8）严禁坐、趴、站窗台；

（9）严禁携带宠物进入公寓；

（10）同学之间发生矛盾，立刻汇报值班老师或公管干部，严禁私自处理；

（11）若出现随意进入他人宿舍、私自开关空调、吸烟、喝酒、赌博、打架等严重违纪行为，视情节给予纪律处分或取消住宿资格。

第四部分　素养（10 分）

住宿学生须认真遵守学校的各项规章制度，执行公寓的各项纪律，养成良好的生活习惯，不断提升自身的综合素质。

1. 注意服装服饰，仪容仪表，着装整齐。

2. 进入公寓后保持安静，不大声喧哗吵闹，不做剧烈体育活动，不影响他人。

3. 自觉维护公共卫生。

4. 使用文明语言，尊重老师，爱护同学，不打架骂人，杜绝不文明的行为。

5. 自觉遵守一日生活常规，无迟到早退现象。

6. 按时签到，星期日至星期四 21：30 之前各宿舍长签到，确定应到实到人数，写明未到学生姓名及原因；星期五中午 12：30 之前留宿学生签到，晚上 20：00 留宿学生到公寓办公室再次签到，再次签到后所有外出公寓行为均须获得值班老师批准，不准私自外出。

7. 安静就寝，不违纪。

熄灯后违纪，减分标准：

（1）违纪现象：不按时熄灯；熄灯后打手电、看书、玩手机等电子产品；打电话、聊天、吃东西、说笑；洗漱、宿舍走动、串床、串宿舍。违纪一次扣5分，违纪两次扣10分。情节严重的将通知系部配合处理。

（2）熄灯后，个人违纪一周内累计达到三次，报系部和学生处处理，并与家长联系协助教育，屡教不改者取消住宿资格。

8. 静楼期间，无病事假批条不得进入公寓，不服从管理者按相关规定处理。

9. 自觉爱护公寓内设备设施。

第五部分　节约（10分）

厉行节约，反对浪费。公寓倡导勤俭节约，节约各类资源，爱护学校财产。

1. 公寓墙壁：墙壁清洁，无指印、鞋印、球印；不乱写、乱画、乱贴。
2. 节约能源：不浪费水电，做到：
（1）夏季空调定时定点定温开启；
（2）宿舍无人需断电；
（3）节约用水，防止浪费。
3. 公共设备：
爱护公寓公共设备，避免造成人为损坏，损坏应赔偿。
（1）轻拿轻放，不随意移动；
（2）杜绝乱刻、乱画、乱贴等有损设备设施行为；
（3）使用公共物品时须爱护，出现问题，及时报修。

第六部分　服务（10分）

公寓提倡奉献精神，学生主动协助老师做好管理工作，增强学生的服务意识和提高学生的服务能力。

1. 学生协助老师
（1）在协助老师工作时，做到耐心、细心，体现"微笑服务"；
（2）协助老师做好安全排查工作；
（3）协助老师做好公寓宣传工作；
（4）协助老师做好纪律巡视工作；
（5）协助老师做好突发事件处理工作；
（6）协助老师做好临时性工作。

2. 学生服务学生
（1）学生之间互帮互爱，不计较个人得失，创团结、温馨、和谐的宿舍；
（2）及时、准确、无误地传达学校、系部、班主任对同学们的要求；
（3）主动帮助生活、学习上有困难的同学；

（4）主动参与同学间发生的突发性事件处理，及时与管理老师沟通。

学生公寓公共财产管理规定

为做好学生公寓的财产管理，更好地服务学生，增强学生爱护公物意识，提高财产使用效率，制定本管理规定。

一、学生公寓公共财产范围

学生公寓财产是学校为保障学生正常住宿生活提供的固定资产，其财产所有权属学校，主要有以下三类：

1. 建筑及相关设施：门、窗、玻璃、墙面、地砖、水池、下水管道、便池、挂钩、晒衣架、宣传橱窗、展板、指示牌、黑板、LED显示屏等；
2. 水电类：电表、灯具、电风扇、开关、插座、空调、遥控器、对讲机、洗衣机（后附：《学生公寓洗衣机使用规定》）及其他电器件；水管、水龙头、各种闸阀、淋浴器等相关水暖件；
3. 家具类：衣帽镜、床架、床板、物品柜、公寓桌、凳、不锈钢盆架、窗帘和窗帘杆等相关家具。

二、学生公寓财产的使用、维修、赔偿规定

(一)财产的使用

学生入住公寓后，公寓管理老师给学生发放住宿用品，经双方核定后，填写《公寓宿舍财产使用登记表》。公寓老师定期查核，对缺少或损坏的物品，学生应照价赔偿。住宿学生要自觉爱护公物，精心保管和使用公物。注意以下问题：

1. 按公寓管理规定正确使用公寓内设备设施，不得故意损坏；
2. 不得擅自私改公寓水电设施；
3. 不得擅自更换、拆卸家具物品；
4. 不得以冲水的方式清洗地面，防止楼层渗水；
5. 不得将易堵塞杂物扔进下水管道。

(二)财产的维修

学生如发现公寓公共财产损坏或出现故障，及时向公寓管理老师报告，由公

寓管理老师向相关部门报修。

(三)财产的赔偿

财产设施损坏类型分为：自然损坏、使用不当损坏、恶意破坏三种。损坏类型由公寓管理办公室认定，维修费用根据不同损坏类型而相应计算赔偿。

1. 自然损坏是指灯具、水龙头等使用到额定时限而自然损坏的，此类损坏费用由学校承担；
2. 使用不当损坏是指在使用过程中，使用者没有按规定操作而导致设施损坏。此类损坏按《学校公共财产价目表》照价赔偿；
3. 恶意损坏是指有意识地人为破坏，此类损坏除按《学校公共财产价目表》照价赔偿，并给予相应纪律处分；
4. 公寓公共财产如发生损坏，及时报修，维修费用由当事人承担；宿舍集体使用的公共物品，如有丢失、损坏，责任不清，由本宿舍学生共同承担维修费用；损坏财物后，隐瞒不报或故意损坏且态度恶劣者，除照价赔偿外，并视情节轻重给予纪律处分。

学生公寓手机充电管理规定

为了满足学生手机及充电宝的充电需求，保障学生财产安全，规范学生手机及充电宝充电管理，制定学生公寓手机充电管理规定。

一、宿舍充电

(一)充电时间

1. 星期一至星期四：21：00—23：00；
2. 星期五至星期日：20：00—22：00。

(二)管理办法

1. 学生须使用正规品牌、质量合格的接线板；
2. 严禁私拉乱接电线和更改线路，不得在接线板上串联接线板；
3. 学生须使用正规品牌、质量合格的充电宝，电容量规格不得超过 20000 毫安；

4. 宿舍电源仅为手机、充电宝、台灯充电使用，原则上严禁使用其他电器；

5. 离开宿舍时，应拔掉所有插头，关闭所有电源开关；

6. 严禁使用被子、衣服等遮盖充电，严禁边充电边使用手机，避免造成火灾隐患；

7. 使用过程中，如发现充电器、充电宝、手机、插电板、插座等出现松动、冒烟、冒火花、发出焦煳异味等情况，应及时关闭电源，并报告公寓管理老师，不得擅自处理。

二、充电柜充电

(一)充电时间

1. 星期一至星期四：6：30—7：00（充电）12：10—12：40（充电）17：20—18：00（领取）；

2. 星期五至星期日：12：10—12：40（充电）17：20—18：00（领取）。

(二)管理办法

1. 学生使用充电柜时，须按时充电、领取；

2. 充电、领取时有序排队，排队过程中杜绝大声喧哗、打闹、插队等不文明行为；

3. 每人限充1台手机或2个充电宝；

4. 充电前，学生须主动配合公寓管理教师或学生干部检查手机或充电宝是否合规，携带有效证件（胸牌、学生证等）进行登记，领取号牌；

5. 手机、充电宝充电不得由他人代充，号牌由本人妥善保管，不得损坏涂改；

6. 领取时须携带有效证件及号牌确认是本人物品后领取，不得由他人代领；

7. 学生如丢失号牌须递交书面申请，到公寓管理办公室进行补办、认领；

8. 如遇突发情况及时汇报值班老师处理，不得私自处理。

长期留宿学生管理办法

为加强长期留宿学生管理，确保留校住宿学生人身、财产安全，制定此管理办法。

一、长期留宿条件

长期留宿学生是指在京无居住条件，需要在学校长期住宿的学生。学生应按照"长期留宿学生申请流程"（详见附件17），填写《学生长期留宿申请表》，向学校提出长期留宿申请。

二、长期留宿学生考勤

1. 长期留宿学生须遵守学校作息时间，按时报考勤；
2. 长期留宿学生每周五13：00前到学生公寓值班室登记留宿，每天晚上20：00前到学生公寓值班室签到；
3. 长期留宿学生如周末或节假日因故不留宿，须提供班主任及系部开具的请假条，方可离校。

三、长期留宿学生管理

1. 留宿学生须妥善保管留宿证，并只限本人使用；
2. 留宿学生须严格遵守校规校纪，不得违反学校规章制度和学生公寓各项管理规定；
3. 留宿学生留宿时间为周五至周日，留宿期间不准外出，确因特殊情况需离校外出，须向学校总值班室报备，得到许可方可离校；
4. 留宿学生应按照公寓8S管理要求，完成宿舍内务卫生；
5. 留宿学生不得到其他公寓、宿舍串宿，不得带外来人员进入公寓；
6. 留宿学生严格遵守周末留宿学生作息，听从公寓管理老师安排；
7. 留宿学生须自觉遵守以上管理规定，如有违反，视情节严重，取消留宿资格或按学校相关规定进行严肃处理。

四、公寓值班教师职责

1. 公寓值班教师值班地点在学生公寓值班室，20：00须对留宿学生进行签到、登记、巡视；
2. 值班教师白天需每隔30分钟上楼对宿舍安全及学生情况进行巡查，熄灯后须对公共场所、学生宿舍进行检查巡视，发现问题第一时间进行处理，并上报上级负责人。

附件 17-长期留宿学生申请流程

临时留宿学生管理办法

为加强留宿学生留校住宿的办理流程和方法，增强学管人员、宿管人员、班主任的服务意识，规范学生留校住宿工作，确保假期留校住宿学生人身、财产安全，制定此管理办法。

一、留宿条件

因校内考试、参加校内活动及其他特殊情况需留宿的学生，学生应当按照规范步骤及相关规定"临时留宿学生申请流程"（详见附件18），填写《学生临时留宿申请表》，完成临时留宿申请。

二、留宿学生考勤

1. 留宿学生须遵守学校作息，按时报考勤；
2. 星期五13：00前到学生公寓值班室登记留宿。留宿学生周末或节假日不留宿须提供班主任及系部开具的请假条，方可离校；
3. 留宿期间每晚20：00前到学生公寓值班室签到。

三、留宿学生管理制度

1. 留宿学生须妥善保管留宿证，并只限本人使用；
2. 留宿学生必须严格遵守校规校纪，不得违反学校规章制度和学生公寓各项管理规定；

3. 留宿学生留宿时间为周五至周日，留宿期间不准外出，特殊情况需离开学校时，如需离校需报备学校总值班室，得到许可方可外出；

4. 留宿学生留宿期间应当按照公寓 8S 管理要求完成宿舍内务卫生；

5. 留宿学生不得到其它公寓、宿舍串宿，不得带外来人员进入公寓及住宿；

6. 留宿学生严格遵守周末留宿学生作息，听从公寓管理老师安排；

7. 留宿学生必须自觉遵守以上管理规定，如有违反，视情节严重，取消留宿资格或按学校相关规定进行严肃处理。

四、公寓值班教师职责

1. 值班教师值班地点在公寓值班室，20：00 须对留宿学生进行签到、登记、巡视；

2. 值班教师白天需每隔 30 分钟上楼对宿舍安全及学生情况进行巡查，熄灯后须对公共场所、学生宿舍进行检查巡视，发现问题第一时间进行处理，并上报上级领导。

附件 18- 临时留宿学生申请流程

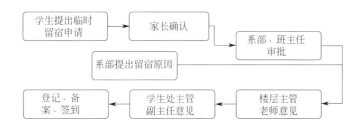

学生公寓公共场所管理规定

一、学生公寓浴室使用管理规定

为加强学生公寓浴室管理，维护浴室秩序，为学生营造更加舒适、整洁的洗浴环境，制定本管理规定。

(一)浴室的使用

1. 学生应在规定时间洗浴，洗浴时间为 16：00—18：00，各学生公寓可根据实际情况适当调整；

2. 浴室使用洗浴校园一卡通，洗浴时在卡机上输入自设的洗浴编码，按"开始"按钮后，开始扣费洗浴。洗浴结束后，点击"结束"按钮，停止扣费；

3. 学生应妥善保管好自身衣物，贵重物品、财物不得带入浴室，一旦丢失，责任自负；

4. 学生在浴室内应讲文明、讲礼貌。不得提前占位、争抢位置，不得在浴室内随意洒水，不得乱扔废纸杂物，不得大声喧哗或戏水打闹；

5. 学生应爱护浴室设备设施，自觉节约用水，严禁浪费。如发生设备出现故障，不得私自触碰水阀等设备，避免安全隐患，应及时上报公寓管理老师；

6. 如遇突发事件，学生应服从公寓管理老师安排，快速安全有序撤离。

(二)浴室的管理

1. 定期对浴室设备设施进行检查，如需维修，由公寓管理老师向相关部门报修；

2. 定时由保洁人员对浴室进行消毒、清洗，包括浴室内的地面、墙壁、浴帘、储物柜等，保证学生的洗浴环境整洁、卫生；

3. 如学生对浴室内设备设施造成损坏，应照价赔偿；如有恶意损坏的学生，照价赔偿，并给予相应纪律处分。

二、学生公寓学习室使用管理规定

为了使学生更好地完成学习任务，特此开设了学习室。为了提供清静、舒心的学习环境，为了营造严肃、认真的学习氛围，制定以下管理规定。

1. 严禁携带食物、饮料、水果等进入；
2. 严禁随意移动桌、椅，保持合理的间距，使用完毕后，应将桌椅归位；
3. 严禁大声喧哗、谈笑，保持学习室安静、和谐；
4. 严禁在学习室内玩手机、打游戏、打电话、聊天；
5. 严禁在桌、椅上乱写、乱画、乱刻、乱贴等不文明行为；
6. 严禁随地吐痰、乱扔纸屑垃圾，养成良好卫生习惯；
7. 严禁在不使用书桌时码放个人物品；
8. 学习室开放时间为16：00—18：30，21：00—22：50。

三、学生公寓活动室使用管理规定

为丰富学生课余生活，加强学生公寓活动室管理，维护活动室秩序，为学生营造更加整洁有序的活动环境，制定本管理规定。

1. 讲究文明礼貌，禁止大声喧哗，保持室内安静；

2. 注意公共卫生，不得携带食品入内，不乱丢果皮纸屑；

3. 按照器材使用规则安全使用，爱护室内设施，如果人为损坏，照价赔偿；

4. 使用前，须得到公寓管理老师允许；活动后，将物品归放原位，关闭门窗、电源；

5. 活动室由学生公寓办公室负责日常管理，按规定时间开关门，保持室内清洁卫生，维护、维修设备；

6. 活动室的开放时间为：12：00—12：50，16：00—18：20。

第七部分 学生组织

学生会章程

第一章 总则

第一条 北京市商业学校学生会（含各系分会）是在学校党委领导下，团委指导下开展工作的全校性学生自治组织，是我校学生进行自我服务、自我管理、自我教育、自我约束的自制组织，是学校与广大同学联系的桥梁和纽带。

第二条 学生会承认《中华全国学生联合会章程》，并依据《学联学生会组织改革方案》，扎实推进各级学联学生会组织改革。充分发挥中华全国学生联合会委员单位的优势，以更高标准、更高站位努力营造良好的育人环境，引导全体同学积极参与社会发展、服务自我成长，带领全体同学真正成为有理想、有道德、有文化、有纪律，德智体美劳全面发展，担任民族复兴大任的时代新人。

第三条 学生会宗旨：来源于同学，服务于同学。

第四条 学生会的基本任务

1. 引领同学坚定理想信念，团结和引导同学高举中国特色社会主义理论伟大旗帜，坚持党在社会主义初级阶段的基本路线和基本纲领，努力成长为德能兼备、全面发展的中国特色社会主义建设者和接班人。

2. 坚持从严治会，明确学生会"来源于同学，服务于同学"的宗旨、强化责任意识和奉献意识，以实际行动做广大同学的表率。

3. 充当学校党政联系同学的桥梁和纽带，积极有效维护同学正当权益。

4. 遵循和贯彻党的教育方针，开展有益于同学成长成才的校园文化活动，助力学生多元成长。

5. 引领和支持学生社团健康发展，配合团组织加强对学生社团的管理和服务；维护校规校纪，倡导良好的校风、学风，促进同学之间、同学与教职员工之间的团结，协助学校创建良好的教学秩序和学习生活环境。

第二章　会　员

第五条　承认本会章程，取得北京市商业学校学籍均可成为本会会员。

第六条　学生会会员应谦虚谨慎、全心全意为全体同学服务，密切联系群众，坚持"来源于同学，服务于同学"的宗旨，及时反映同学的意见和要求，自觉置于全校同学的监督之下。对不称职的委员可随时撤换，但需经校团委和学生处批准。

第七条　学生会会员必须具备以下条件：

1. 具有良好的思想素质，政治上积极要求进步。职业素养学分不低于同年级同专业的平均分。无任何违法违纪现象处分。

2. 善于学习和吸收新知识，热爱所学专业，认真学习，成绩优良，上一年度总评成绩无不及格科目。

3. 积极参加体育锻炼，达到《国家体育锻炼标准》，体育课考勤95%，体育成绩在良好及以上。

4. 具有健康向上的审美格调，至少有1项艺术特长，积极参加学校的艺术展演。

5. 热爱劳动、崇尚劳动、践行劳动，积极参加生活性劳动、生产性劳动和志愿服务，积极弘扬"劳模精神"和"工匠精神"。

第八条　学生会会员必须做到：

1. 坚持党的领导，爱国爱校，思想积极，要求进步。

2. 服从组织安排，工作积极主动，有大局意识、服务意识、创新意识和奉献精神。

3. 能够正确处理好学习与工作之间的关系，密切联系同学，广泛团结同学，自觉接受监督，善于批评和自我批评。

第九条　会员的基本权利

1. 有通过符合本会章程规定的民主程序讨论和决定本会重大事务的权利。

2. 有通过正当渠道对本会的组织机构、工作人员及其工作提出建议、批评和实行监督的权利。

3. 有通过学生代表提案方式对学校各项工作向本会提出意见、建议以及要求本会转达学校的权利。

4. 有要求本会提供相关信息、权益保障等各方面服务的权利，有参加本会组织的各项活动和本会各种组织的权利。

5. 有选举权、被选举权和表决权（休学或受到系、校处分者除外）。

第十条 会员的基本义务

1. 遵守国家法律，遵守校规校纪，维护学校和系部正常的教学和生活秩序。
2. 遵守本会章程，执行本会决议和维护本会声誉。
3. 接受本会的协调和指导。
4. 完成学校布置的各项工作。

第三章　权力机构

第十一条　北京市商业学校学生会的组织原则是民主集中制。

第十二条　北京市商业学校学生会的最高权力机关是学生代表大会，每学年春季学期召开一次（若遇特殊情况，可经当届学生会委员全体通过并经学校党委批准，可以提前或延期召开学生代表大会）。学生会委员由学生代表大会选举产生，每届任期一年。一般设置学生会主席一名、副主席一名、副主席兼秘书长一名、委员若干名。主席团成员和主席候选人的资格条件应在校团委的指导下予以确定并报校党委批准。学生代表大会闭会期间的常设机构是常任代表委员会，简称常代（委）会；常任代表委员会由当届学生会委员和各系主席组成。

第十三条　学生代表大会由各系选出的代表组成。代表依照各系学生人数按比例民主推选产生。

第十四条　学生代表大会会议由常任代表委员会召集

第十五条　学生代表大会行使下列职权：

1. 审议和批准学生会工作报告。
2. 讨论、修改、审议学生会章程。
3. 选举产生新的主席团成员和学生会委员。
4. 收集学生意见和建议，向学校提交提案。

第十六条　学生代表大会代表履行以下义务：

1. 发挥好桥梁纽带作用，征求广大同学对学校工作的意见和建议，并据此提交提案。
2. 参与常任代表委员会组织的调研、协商等工作。

3. 履行国家法律法规、学校规章制度规定的其他义务。

第十七条 学生会委员的条件和产生：

1. 凡热心社会工作，愿为广大同学服务、为学校发展贡献力量、学习成绩良好、道德品质优秀、有一定工作能力的同学均有资格当选。

2. 符合条件的同学，由个人自荐，各系部及班主任推荐，经校团委、学生处联合审查批准，提交校学生代表大会作为学生会委员候选人。

第四章 执行机构

第十八条 学生会是学生代表大会的执行机构。

第十九条 学生会主席团是学生会的领导机构，由主席一人及副主席、副主席兼秘书长三人组成。主席团每届任期与学生代表大会召开周期相同。

第二十条 学生会下设部门实行部长负责制，各部部长领导本部门的工作。部长经公开选拔产生，在学生会主席团领导下开展工作，并对其负责。各部门部长实行聘任制，聘期为一年。

第二十一条 学生会委员职责

1. 主席

（1）按照学校年度工作要求，每学期初制定学生会工作计划，每学期末进行学期工作总结。

（2）听取学生代表对学生会工作的意见和建议，汇集各部门的提案交学生会讨论。

（3）负责学生会全面工作，了解各部门工作进展情况。检查各部的工作落实情况，协助各部门的工作，处理学生会日常事宜。

（4）主持学生会周例会。定期对全体学生会成员进行培训工作。

（5）定期向学校团委汇报工作情况。

（6）主持学生会所有大型活动的策划、筹备与开展。

（7）领导和指导各系部学生会分会工作。参加各系部学生会分会学生代表大会。

（8）按时、高效地完成学校布置的临时工作。

2. 副主席（副主席兼秘书长）

（1）协助主席主持学生会日常工作，分工负责学生会有关部门的工作，并向主席报告工作。

（2）认真分析、了解学生思想状况、动态，听取意见，配合主席协调各部门工作。

（3）对所有部门及全体成员的工作情况进行监督，有权对各部门及相关干部干事的违纪行为提出处理意见,并依据学校决定配合执行。

(4) 副主席兼秘书长负责做学生会周例会的会议记录。

(5) 管理和监督学生社团工作。

(6) 主席不在校时,行使主席职权。

(7) 领导各系部学生会分会工作。

3. 学习部

(1) 负责了解全校同学的学习情况,听取各系部、各班学习的汇报。

(2) 与教务处联系,及时反映同学对教学工作的建议和意见。

(3) 协助学生处做好各班晨训检查记录。组织好各班晨训委员的培训工作。

(4) 定期举办各类知识竞赛、讲座、培训。积极开展学生学习方法交流会,组织开展有利于学习的各种活动。

(5) 完成学校各项大型竞赛活动的成绩统计工作。

(6) 领导各系部学生会分会学习部工作。

(7) 完成学校和主席团交办的临时性工作。

4. 新媒体部

(1) 对团委公众号进行日常维护和管理,及时进行新闻稿的撰写和发送,对所发布内容的真实性、合法性负责,进行审核,严禁发布不实、虚假和错误信息。

(2) 加强对广播站、校园橱窗、各类展板、主题海报等宣传媒介的设计、日常维护与管理。

(3) 领导各系部学生会分会宣传工作。

(4) 关注舆情,引导同学更好地使用网络。

(5) 完成学校和主席团交办的临时性工作。

5. 体育部

(1) 组织开展各种体育活动、体育比赛等,引导同学们积极参加体育锻炼,提高同学们的身体素质,丰富校园文化生活。

(2) 协助学校组织好学生的课间操检查与记录反馈工作。

(3) 组织开展好一年一度的校运动会暨体育文化节,负责运动会期间各项工作。

(4) 领导各系部学生会分会体育部工作。

(5) 完成学校和主席团交办的临时性工作。

6. 公寓管理部

(1) 协助公寓管理办公室做好学生公寓"8S"管理与各项检查评比。

(2) 结合实际开展丰富多彩的公寓文化活动,协助公寓老师做好公寓文化建设。

（3）做好学生公寓电子设备充电等服务工作。
（4）领导各系部学生会分会公寓管理部工作。
（5）完成学校和主席团交办的临时性工作。

7. 纪检部

（1）做好校园秩序的检查及维护，做好晚自习、班级考勤、校风、校纪、集会秩序各项工作的检查评比。
（2）负责每周班车接送管理和秩序维护工作。（纪检）
（3）做好周末及节假期返校考勤的检查、记录和反馈工作。
（4）领导各系部学生会分会纪检部工作。
（5）完成学校和主席团交办的临时性工作。

8. 生活部

（1）收集同学对生活方面的意见、建议和要求，并及时向学校相关部门反映，帮助同学们解决实际生活困难。
（2）每学期开学前，对全校各班校园环境（室外卫生）责任区进行重新划分，营造良好的校园卫生环境。
（3）做好班级教室的日常卫生检查和评比工作。
（4）维护学生就餐秩序，做好文明就餐宣传引导工作。
（5）领导各系部学生会分会生活部工作。
（6）完成学校和主席团交办的临时性工作。

9. 安全部

（1）做好安全知识、法规的宣传教育工作，定期出版《安全期刊》。
（2）排查校内各处存在的安全隐患，并及时向有关部门报告。
（3）负责全校各教室门、窗、灯、电器、电源等财产的安全检查，及时反馈。
（4）协助保卫处老师在校园内开展安全训练、安全疏散与管理工作。
（5）领导各系部学生会分会安全部工作。
（6）完成学校和主席团交办的临时性工作。

10. 文艺部

（1）组织全校同学开展丰富多彩的校园文化活动。
（2）发挥自身文艺优势，协助完成社团活动的组织管理。
（3）领导各系部学生会分会文艺部工作。
（4）完成学校和主席团交办的临时性工作。

11. 礼仪部

（1）定期组织各班礼训委员进行礼仪培训。
（2）负责校内各级各类活动的礼仪接待与会务服务。
（3）负责学校各级各类证书、奖状的制作工作。

(4) 领导各系部学生会分会礼仪部工作。
(5) 完成学校和主席团交办的临时性工作。

12. 秘书部

(1) 负责学生会各部门资料的收集整理工作。
(2) 负责学生社团资料管理工作。
(3) 完成学校和主席团交办的临行性工作。

第五章 基层组织

第二十二条 各系部学生会分会是校学生会的基层组织，由主席、副主席和委员若干人组成，接受校学生会的工作领导。

第二十三条 各系部学生会分会主席担任常任代表委员会委员。

第二十四条 各班班委会根据本班特点配合系学生会开展工作，各系主席需参加学生会周例会。

第二十五条 学生会与各班班委会不定期组织联系会议，班委有权建议主席团行使其监督、检查、评定、考核权。

第六章 附则

第二十六条 本办法自发布之日起实施。

第二十七条 本章程实施后，原有学生会章程废止，与之抵触的规定一律以本办法为准。

第二十八条 本办法由共青团北京市商业学校委员会负责解释。

青年马克思主义者学校章程

第一章 总则

第一条 学校名称：北京市商业学校青年马克思主义者学校。

第二条 学校性质：青年马克思主义者学校是以入党积极分子队伍为主体，面向全校学生，本着"团结凝聚先进青年，追求马列真理，增强'四个意识'，坚定'四个自信'，关心时政时事，心系国家命运"的理念而成立的有组织、有纪律、非营利性的社团组织。

第三条 学校宗旨：以马克思列宁主义、毛泽东思想、邓小平理论、"三个代表"重要思想、科学发展观、习近平新时代中国特色社会主义思想作为自己的行动指南，以"勤学、修德、明辨、笃实"为己任，推动树立马克思主义世界观、人生观、价值观，培育和践行社会主义核心价值观，培养从职业学校走出来的知党、爱党、信党、护党的马克思主义者，培养一代又一代拥护中国共产党领导和我国社会主义制度、立志为中国特色社会主义事业奋斗终身的有用人才；培养担当民族复兴大任的时代新人，培养德智体美劳全面发展的社会主义建设者和接班人。

第四条 青年马克思主义者学校在国家法律法规和北京市商业学校的各项相关规章制度内活动。

第二章 组织原则

第五条 青年马克思主义者学校面向全校招收学员，无专业限制。

第六条 青年马克思主义者学校接受北京市商业学校校党委的指导，接受学生工作党支部的管理，并积极协助北京市商业学校各级党、团组织开展相关工作。

第三章 教学班次

第七条 青年马克思主义者学校要增强针对性和实效性，认真做好培训需求调研。按照分类别、分层次的原则设置教学班次、教学内容和课程。

第八条 青年马克思主义者学校的班次主要包括主体班和专题班，主体班主要针对入党积极分子开设，专题班包括团支部书记培训班、班干部培训班、共青团员干部培训班等，各种班次的学制根据实际情况确定。

第四章 教学内容

第九条 课堂教学是青年马克思主义者学校的中心工作，学校一切工作都要围绕教学工作进行，为完成教学任务、提高教学质量服务。

第十条 知党爱党信党护党教育是青年马克思主义者学校的必修课。学校要增强教育的针对性，把学习马克思主义基本理论与加强教育实践结合起来，把改造客观世界与改造主观世界结合起来，致力于坚定学员的理想信念和宗旨观念，提高学员的道德品行和精神境界。

第十一条 青年马克思主义者学校要切实加强教学的组织管理，建立健全规章制度，形成职责明确、分工协作的教学实施和运行机制，建立和完善学习考核体系和教学效果评估体系。

第十二条 师资队伍是青年马克思主义者学校的基础工程，要立足于学生的需要，聘请党干校教师及校外专家授课；重点建设以中国特色社会主义理论体系为主的教学体系。

第十三条 青年马克思主义者学校主要教学内容：

1. 自学或组织开展马克思主义基本原理的学习研究；
2. 组织开展党的路线方针政策和时政热点焦点的讨论学习；
3. 组织学习党章、党史和党的基本知识；
4. 组织学习中国特色社会主义理论体系；
5. 组织学习习近平新时代中国特色社会主义思想；
6. 推荐人才，表彰奖励在活动中做出优异成绩的学生；
7. 接受学生处团委、其它单位委托组织开展相关工作。

第十四条 主要活动方式：

1. 名师讲座：邀请校内外著名专家学者开展关于马列主义理论讲座；就同学们关心的国际国内时事、热点话题举行报告会，使同学们开阔视野，提高认识；
2. 导师引领：聘请优秀党员、党支部书记、党校培训部老师担任青年马克思主义者学校的导师，同广大学生共同学习理论、畅谈理想；
3. 劳模讲堂：邀请国家级、市级劳模到校宣讲，以先进人物为榜样，加强"敬业守信、精益求精"的职业精神教育；
4. 知识竞赛：组织学生开展关于马克思主义基本原理、毛泽东思想及邓小平理论、习近平新时代中国特色社会主义思想的知识竞赛；
5. 主题征文：鼓励和支持同学们就政治理论学习、人生理想、信念、时事热点问题等畅谈胸怀，发表看法；
6. 辩论比赛：组织学生就思想界热点问题开展辩论，达到交流思想、共同提高的目的；
7. 演讲比赛：通过此项活动宣传党的路线方针政策，提高同学们的思想认识水平和政治觉悟；
8. 拓展与参观：组织学生到企业参观等一系列学习，在初步理解党的基本理论的基础上，树立正确的世界观、人生观、价值观，树立为人民服务的思想；

9. 榜样交流：邀请教工中优秀党员、业余党校的优秀毕业生回校交流；

10. 企业实践：切合职业学校特色，带领学生走进企业，体验企业的真实管理场景，激发学习内动力。

第五章　学员管理

第十五条　学员管理是实现青年马克思主义者学校培养目标的重要环节。坚持以人为本，按照加强领导、强化培训、严格管理、注重实效的要求，健全管理制度，改进管理方式，提高管理效果。

第十六条　凡北京市商业学校在校学生团员，承认并拥护学校章程，热爱中国共产党，拥护党的路线、方针、政策，自愿加入中国共产党并经过系部管理老师同意，均可提出申请。

第十七条　程序：

1. 由本人提出书面申请；

2. 经各分属党支部讨论通过；

3. 由各分属党支部提交学生处团委备案。

第十八条　凡加入青年马克思主义者学校学生，享有如下权利：

1. 参加有关会议并进行讨论，阅读有关文件，参与青年马克思主义者学校组织的学习、实践等活动；

2. 参与青年马克思主义者学校的工作；

3. 拥有主要学生干部的被选举权；

4. 对主要学生干部的监督权；

5. 对青年马克思主义者学校工作的批评建议权。

第十九条　凡加入青年马克思主义者学校学生，需履行如下义务：

1. 遵守各项章程和纪律，执行学校的各项决议，接受学校的领导；

2. 积极支持参与青年马克思主义者学校的建设，维护学校的合法权益和良好形象；

3. 按照要求，积极参加各项活动，做好相关工作；

4. 及时向青年马克思主义者学校反映有关情况，提供有关资料，认真开展批评与自我批评；

5. 积极为青年马克思主义者学校开展宣传工作。

第二十条　青年马克思主义者学校学生纪律：

1. 青年马克思主义者学校学生必须热爱中国共产党，热爱祖国和人民，经常学习马克思主义基本原理、中国特色社会主义理论等相关知识，并努力学以致用，以提高自身素质；

2. 学生不得参加宗教组织、邪教组织；

3. 学生之间应互助互爱、互相学习，共同推动青年马克思主义者学校的成长发展；

4. 学生应自觉遵守校规校纪，起到模范带头作用；严格遵守学习纪律，积极参加活动，不迟到、不早退，不无故缺勤，保持会场秩序；

5. 学生无故缺席活动两次，取消其学生资格；

6. 学生如有严重触犯青年马克思主义者学校相关规章制度、违反学校章程或有损学校宗旨、声誉的行为，经研究决定后，学校有权取消其学生资格；

7. 学生退学应以书面形式通知系部党支部，由系部党支部批准并上报备案。

第二十一条　青年马克思主义者学校学员管理包括思想政治教育、学习管理、组织管理。学习管理要充分调动学员学习积极性，增强教学效果。组织管理要完善并严格学籍、学习、考勤等制度。思想政治教育要贯穿于学员管理全过程。

第二十二条　青年马克思主义者学校各班次设班长，负责学员管理工作。班长由相应班次的学生干部通过公开选举担任。

第二十三条　北京市商业学校校党委、各党支部和青年马克思主义者学校要加强协调配合，形成严格管理、严格监督的制度和机制。

第六章　组织机构及其职权

第二十四条　青年马克思主义者学校下设秘书处、宣传部、组织部三个部门。各部门负责内容如下：

1. 秘书处负责管理学生信息，组织学生交流，发放学校通知；保管学校财物，审核报销经费，召集主要学生干部会议；

2. 宣传部负责编辑学校刊物，制作宣传材料，记录并发布学校活动信息，配合各部门完成宣传任务；

3. 组织部负责各项具体活动的组织实施并管理学生档案；协调各小组的学习活动，准备学习材料，安排学习场地，跟踪学生的学习反馈。

第七章　活动经费来源及使用

第二十五条　青年马克思主义者学校经费来源：学生活动经费，上级拨款。

第二十六条　青年马克思主义者学校经费支出：

1. 财务支出需要报告学校上级批准，凭发票或者校内有效凭证向财务报销；

2.财务支出应奉行节俭原则。

第八章　章程的修改程序

第二十七条　学校章程的修改，经学生工作党支部提出，并经学校党委批准后生效，并报有关部门备案。

第九章　附　则

第二十八条　青年马克思主义者学校章程需经学校党委审核通过。
第二十九条　青年马克思主义者学校章程自北京市商业学校学生工作党支部批准之日起生效。
第三十条　本章程的最终解释权归北京市商业学校学生工作党支部所有。

学生业余团校管理办法

第一章　总　则

第一条　为加强学校共产主义青年团基础建设，全面提高优秀青年学生的思想政治素质，促进对学生骨干队伍的培养，使业余团校工作制度化、规范化，特制定本办法。

第二条　学生业余团校的基本任务是：依照《中国共产主义青年团章程》的要求，以思想政治教育为基本内容，以集中培训为基本方式，交叉开展丰富多彩的活动，全面提高青年的政治理论水平、思想道德修养和科学文化素质，培养具有坚定的共产主义信念和高尚正直品格的优秀青年，努力为团组织输送新鲜血液。

第三条　业余团校加强思想政治工作，坚持对团员青年的教育和引导，组织团员青年深入学习习近平新时代中国特色社会主义思想，广泛开展党史、新中国史、改革开放史、社会主义发展史教育，增强青年的民族自豪感，形成正确的家国情怀。

第二章　组织机构

第四条　学生业余团校是在学校党委的领导下,在学校团委指导下,面向未加入共产主义青年团的优秀青年学生的培训机构。

第五条　学生业余团校的工作,由学校团委统一部署、组织,利用学生课余时间集中培训,每期授课时长不低于8课时。

第六条　学生业余团校的主要职责是:执行校团委的工作部署;制订学生业余团校工作计划和有关规章制度;征订和落实团课教材;组织和指导开展有关活动;建立和管理学员档案;做好学员的考核、评优和颁发结业证书工作以及学生业余团校的总结汇报工作。

第七条　学生业余团校理论课程,聘请理论水平高、事业心和责任感强的校级领导、支部书记、相关领域专家及在职、离退休中能胜任的党员同志,共同担任团课教师。

第三章　学　员

第八条　学生业余团校的学员原则上应为:在校学生中提出入团申请并通过所在支部考核推荐的入团积极分子,在政治上积极要求进步,愿意参加业余团校学习,能够认真遵守校规校纪,学习成绩优良,能在学校各项活动中发挥积极作用的同学。

第九条　报名程序:凡写入团申请书自愿参加业余团校学习的青年学生骨干,到所在团支部报名,由团支部根据学员条件进行推荐,经班主任、团总支、系部同意,上报学校团委审批。

第十条　凡在校未加入共产主义青年团的学生,均可以申请参加业余团校的学习,接受培训。在校青年加入共青团前须参加业余团校组织的集中学习,接受团前教育,经结业考试合格者方有资格成为发展对象。

第四章　学习内容与要求

第十一条　业余团校的所有培训和教学时间、内容、地点以及学员等均由学校团委研究决定。

第十二条 业余团校的教学内容

1. 政治理论学习。培养学员学习马克思主义基本原理、毛泽东思想、邓小平理论、"三个代表"重要思想、科学发展观以及习近平新时代中国特色社会主义思想，并能在学习及生活中灵活运用。

2. 思想道德提升。培养学员具有开阔的胸襟、正直的人品、坚强的意志，为人民、为国家、为社会奉献的信念。

3. 时政要闻解读。培养学员对现实的国际、国内环境、政治、经济形势有深入完整的了解和认识，从而更加透彻地理解党的方针政策。

4. 综合素质培养。增强学员在思维、决策、协调、宣传、实际操作等方面的能力和水平，促进学员个人素质的全面提高。

5. 作风习惯养成。通过强调手脑并用、知行合一，严格执行各项制度，促进习惯养成、培养优良作风。

第十三条 所有业余团校学员均不得无故迟到、旷课。有特殊情况须提前说明征得团委老师同意，否则按违反考勤纪律论，累计三次违反者自动撤销学习资格。学员在业余团校期间的表现将记入学员个人档案，并作为学员入团及各项评优的参考依据。

第五章 管理与考核

第十四条 学员入学必须填写报名表，并提交入团申请书。学员参加学习和活动，要有出勤记录。

第十五条 学员应积极主动地参加业余团校组织的各项活动，认真做笔记，记录心得与感受，自觉完成业余团校交给的任务，严格执行各项规章制度。

第十六条 学员在学习中途如不愿继续参加团校学习，可提出申请做退学处理。对违反校规校纪，犯有错误的学员，视情节轻重给予批评教育，直至给予除名处理并计入个人档案。

第十七条 学员学习期满，要交一份结业总结，上交时间、字数和内容要严格符合业余团校的规定。学校团委组织团课结业考试，考试内容涉及团的基本理论知识、授课内容以及最新时政。最终成绩由卷面分数、笔记及出勤情况、其他任务完成情况依相应比例核算而定。经考核合格，发给结业证书，归入个人档案。

第十八条 每期业余团校结业前，开展评比优秀学员的活动。业余团校对表现突出的优秀学员，要积极向所在的班级及系部推荐，负责做好学生干部培养对象工作。对其中条件较为成熟的，要严格按照团员标准和发展团员工作程序，积极慎重地做好发展新团员的工作。

第六章　附　则

第十九条　本办法自发布之日起实施。

第二十条　本办法实施后,原有学生业余团校管理办法废止,与之有抵触的规定一律以本办法为准。

第二十一条　本办法由共青团北京市商业学校委员会负责解释。

学生社团管理办法

以习近平新时代中国特色社会主义思想为指导,坚持立德树人根本任务,贯彻落实教育部党组、共青团中央关于《高校学生社团建设管理办法》的有关要求,全面加强学校学生社团建设管理,深化学生社团育人功能,促进学生社团健康有序发展,特制定本办法。

第一章　总　则

第一条　学生社团是落实立德树人根本任务,是推进素质教育的重要载体,是我校学生根据成长成才需要,结合自身兴趣和特长,在学校党委领导和团委指导下开展活动的群众性学生团体。本规定适用于北京市商业学校所有学生社团。

第二条　学生社团的基本任务：以习近平新时代中国特色社会主义思想为指导,团结凝聚广大青年学生,坚持思想性、知识性、艺术性、创新性、多样性相统一的原则,积极开展方向正确、内容健康、格调高雅、形式多样的社团活动,丰富课余生活,繁荣校园文化,促进学生德智体美劳全面发展。

第三条　学生社团按性质分为思想引领型、技术技能型、兴趣爱好型、文体艺术型、志愿公益型、创新创业型六大社团类型,设校、系、班三级。

第四条　鼓励和支持社团在遵守学校规章制度的前提下,开展健康、有益、丰富的校园文化活动,积极引导学生社团活动纳入学校"三全育人"工作格局,力争将各社团打造成为具有商校特色、青年特征、主题鲜明、健康有益、服务学生成长成才的优秀品牌社团。

第五条 学生社团开展社团活动必须依据法律法规、校纪校规、社团章程,并按照相应的审批程序进行。学生社团应坚持正确舆论导向,按照相关规定开展宣传思想文化,传播向上向善正能量,积极营造健康、文明的校园育人环境。

第二章 社团成员

第六条 社团成员必须是本校正式注册的在校学生,自愿遵守社团管理章程,经考核可以成为社团成员。

第七条 社团成员必须符合以下基本要求:品行端正,遵规守纪;热心社团工作,并具有与社团性质相关的特长和才能,积极参与社团活动。

第八条 社团成员的权利与义务

1. 对社团工作有讨论、建议和批评的权利;
2. 有与社团活动及工作相关的选举和被选举的权利;
3. 有遵守社团章程,执行社团决议的义务;
4. 服从社团管理的义务;
5. 有积极参加社团活动及校园文化活动的义务。

第九条 社团负责人的职责

1. 每学期制定学生社团活动计划,组织社团活动。
2. 积极配合社团指导老师,完成各项任务。
3. 定期向学生会副主席(分管社团工作)和学校团委汇报工作。
4. 按时参加社团工作例会。
5. 负责填写《北京市商业学校学生社团活动记录表》和《北京市商业学校学生社团活动考勤表》。

第十条 各学生社团每学期在校团委组织下公开招新一次。

第三章 社团组织

第十一条 学生社团在学校团委的直接领导下,在指导教师的具体指导下开展活动。

第十二条 学校学生会副主席分管学生社团工作,并设秘书部负责整理学生社团的各类材料。以上成员均应通过公开选拔产生,由学校团委负责监督和审批。

第十三条　各学生社团下设团长一名、副团长一名，共同组织开展相应社团活动，并对社团成员进行管理。

第十四条　社团的成立

1. 凡本校正式注册的在校学生均可发起成立学生社团；
2. 成立社团至少有 8 名以上学生发起，其中主要发起人不少于 2 人；
3. 社团成立流程：

（1）发起成立社团的主要负责人向学校团委提交基础材料（基础材料包括申请报告、社团章程、社团负责人简历、指导老师关于推荐成立社团的报告以及社团活动开展计划）。

（2）学校团委对其进行审核考察，审核通过后给予审批。

（3）审批通过后，通知申请社团主要负责人领取并填写《北京市商业学校学生社团登记注册表》一式两份，履行正式审批登记手续。

（4）新社团应在审批通过后，等待校团委通知，公开招募社团成员。

第十五条　未经批准而成立或造成不良影响的学生社团，学校有权终止其活动并追究其负责人责任。

第四章　社团活动

第十六条　学生社团开展的各项活动必须遵守学校规章制度，不得开展有害学生身心健康的活动。各社团当天训练结束后，应及时在北京市商业学校学生社团小程序中打卡。

第十七条　各学生社团在活动期间，应进行与学生社团主题相关的活动，不允许利用学生社团活动时间进行其他活动。

第十八条　各学生社团活动必须服从指导老师安排管理，有组织、讲纪律，在特殊场地活动时，要遵守活动场地使用规定。

第十九条　学生社团要严格遵守活动时间，与校内活动有冲突时，学生社团要暂停活动。

第二十条　学生社团需要额外活动时，应提前向学校团委及相关负责人报备并提出申请，获得批准后方可开展活动，如未履行上述程序，一经发现，则取消该社团全部活动资格，并按校规校纪给予相应处分，造成的后果由该社团及相关负责人承担。

第二十一条　学生社团活动期间，不允许社团以外人员以任何借口私自借用、占用、共用社团场地。

第二十二条　无学校团委的审定批准，各社团不得以任何形式介绍、带领社员到校外参加任何性质的活动、学习、比赛等，也不得擅自邀请校外人员到校内参与任何形式的活动。

第二十三条　不得借用社团名义违反校规校纪，一经发现，将视情节轻重进行批评教育，直至开除社团。

第五章　社团管理

第二十四条　每学年学校团委将组织进行"优秀学生社团""优秀学生社团干部""优秀学生社团成员"评选活动，总结工作、表彰先进。评选依据视该社团在本学年的活动情况、成员出席情况以及配合学校完成相关工作的综合表现而定。

第二十五条　各社团负责人需按社团学期工作计划，组织开展相应活动。开展活动期间社团负责人不得无故请假、迟到、缺席，三次迟到视为一次无故缺席，三次无故缺席将取消社团负责人职务，并且取消该社团本学年度评优资格。

第二十六条　各成员应按时参加社团活动，不得无故请假、迟到、缺席，三次迟到视为一次无故缺席，三次无故缺席社长取消其社团成员资格。

第六章　其　他

第二十七条　学生社团干部换届或调整，应事先提出申请，学校团委同意后方可进行。

第二十八条　对社团负责人变更过程中，在新一届负责人产生之前，原负责人必须保证社团各项工作正常开展。

第七章　附　则

第二十九条　本办法自发布之日起实施。

第三十条　本办法实施后，原有学生社团管理办法废止，与之有抵触的规定一律以本办法为准。

第三十一条　本办法由共青团北京市商业学校委员会负责解释。

学生团支部工作条例

第一章 总 则

第一条 为深入学习贯彻习近平新时代中国特色社会主义思想，把习近平总书记关于青年工作的重要思想落实到团的全部工作和建设之中，坚持和加强党的全面领导，树立大抓基层的鲜明导向，提升团支部组织力，强化团支部政治功能，充分发挥党的助手和后备军作用，根据《中国共产主义青年团章程》和有关规定，制定本条例。

第二条 团支部是团的基础组织，是团组织开展工作的基本单元，是团的全部工作和战斗力的基础，担负直接教育团员、管理团员、监督团员和组织青年、宣传青年、凝聚青年、服务青年的职责。

第三条 团支部工作必须遵循以下原则：

1. 坚持以马克思列宁主义、毛泽东思想、邓小平理论、"三个代表"重要思想、科学发展观、习近平新时代中国特色社会主义思想为行动指南，遵守团章，保持和增强政治性、先进性、群众性。

2. 坚持把政治建设摆在首位，坚持党的全面领导，坚决贯彻党的意志和主张，严守政治纪律和政治规矩，增强"四个意识"、坚定"四个自信"、做到"两个维护"，坚持党建带团建，确保党的路线方针政策贯彻落实。

3. 坚定不移走中国特色社会主义群团发展道路，把培养社会主义建设者和接班人作为根本任务，把巩固和扩大党执政的青年群众基础作为政治责任，把围绕中心、服务大局作为工作主线。

4. 认真履行职责，引领凝聚青年，在青年中加强和改进理论武装工作，坚定青年听党话、跟党走的人生追求；组织动员青年，配合党和国家中心工作，动员青年建功新时代；联系服务青年，强化服务意识、提升服务能力，做青年信得过、靠得住、离不开的贴心人。

5. 坚持民主集中制，发扬团内民主，尊重团员主体地位，严肃团的纪律，提高解决自身问题的能力，保证团的决议得到有效的贯彻执行。

6. 坚持改革创新，落实党对共青团改革和全面从严治团的要求，推进组织和工作创新，生动活泼地开展工作，不断扩大团的组织和工作有效覆盖面，不断增强对青年的凝聚力、组织力、号召力。

第二章　组织设置

第四条　学校团支部设置一般以行政班级为单位，凡是有团员 3 人以上的，都应当成立团支部。

第五条　行政班级团员人数不足 3 人的，应以系（部）为单位成立联合团支部。

第六条　团支部的成立，一般由各班级提出，在征得所在党支部同意后，向学校团委提出申请。

学校团委审批同意后，各班级由班主任组织召开团员大会选举产生团支部委员会或者不设委员会的团支部书记、副书记。团员大会召开后，团支部应当在 1 个月内，向所在党支部和学校团委递交选举结果报告。团支部成立批复和选举结果报学校团委备案。

第七条　对因团员人数发生变化，不再符合设立条件的团支部，学校团委应当及时通报其所在党组织，并及时予以调整或者撤销。

团支部的调整和撤销，一般由团支部报所在党组织、学校团委批准，也可以由学校团委与所在党支部协商后直接作出决定。

第八条　为执行某项任务临时组建的机构，团员组织关系不转接的，经学校团委批准，可以成立临时团支部。

第三章　基本任务

第九条　团支部的基本任务

1. 组织团员学习马克思列宁主义、毛泽东思想、邓小平理论、"三个代表"重要思想、科学发展观、习近平新时代中国特色社会主义思想，学习党的基本知识，进行革命传统教育，学习团章和团的基本知识，学习科学、文化、法律和业务。

2. 宣传、执行党和团组织的指示和决议，参与民主管理和民主监督，找准服务大局的切入点、结合点、着力点，充分发挥团员的模范带头作用，团结带领青年在促进经济社会发展中发挥生力军和突击队作用。

3. 开展中国特色社会主义和实现中华民族伟大复兴的中国梦宣传教育，开展爱国主义、集体主义和民主法治教育，组织团员和青年学习革命前辈，培育和践行社会主义核心价值观，教育团员和青年抵制不文明行为，坚决同各种违纪违法行为作斗争，弘扬网上主旋律，正确对待、理性使用网络。

4. 对团员进行教育、管理、监督和服务，健全团的组织生活，定期开展主题团日，及时更新团员信息，落实"三会两制一课"，开展批评和自我批评，监督团员切实履行义务，保障团员的权利不受侵犯；做好团员组织关系转接工作；加强和改进流动团员管理；做好团费收缴使用和管理工作；及时办理超龄团员的离团手续；关怀帮扶困难团员；维护和执行团的纪律，依规稳妥处置不合格团员。

5. 要求入团的青年进行培养教育，做好经常性发展团员工作，把政治标准放在首位，严格程序、严肃纪律；表彰表扬先进；做好"推优"入党工作；发现、培养和推荐团员、青年中的优秀人才。

6. 密切联系、服务青年，向青年有效传播党的主张，凝聚广大青年的智慧和力量，了解、反映团员和青年的思想、要求，关心团员和青年的学习、工作、生活和休息，开展文体活动。

7. 实事求是对团的建设、团的工作提出意见建议，及时向所在党支部和学校团委报告情况。按照规定，向团员、青年通报团的工作情况，公开团内有关事务。

第十条 团支部的重点任务

学习宣传贯彻党的教育方针，落实立德树人根本任务，筑牢青年学生的理想信念根基；突出实践育人，教育和帮助学生做到爱国、励志、求真、力行；弘扬和践行工匠精神，促进学生就业创业、成长成才；做好政治引领和仪式教育，把好入团关口，严格团员发展；加强班级团支部与班委会一体化运行，做好团员团组织关系转接工作；反映青年学生合理诉求，服务青年学生成才发展，协助做好维护校园稳定工作。

第四章 工作机制

第十一条 团支部团员大会是团支部的议事决策机构，一般每季度召开1次，根据工作需要可以随时召开。

团支部团员大会的职权是：听取和讨论团支部委员会的工作报告，对团支部委员会的工作进行审议和监督；选举新的团支部委员会和出席上级团代会的代表，增补和罢免团支部委员；讨论接收新团员；开展团员教育评议工作；研究决定对团员的奖励，开展"推优"入党工作；讨论通过对团员的组织处置和纪律处分；开好团支部组织生活会；研究决定本支部其他重要事项。

团支部团员大会议题提交表决前，应当经过充分讨论。表决须有半数以上有表决权的团员到会方可进行，赞成人数超过应到会有表决权团员的半数为通过。

第十二条 团支部委员会是团支部日常工作的领导机构。

团支部委员会会议一般每月召开1次，根据工作需要可以随时召开，对团支部重要工作进行讨论、作出决定等。团支部委员会会议须有半数以上委员到会方可进行，表决赞成人数超过应到会委员的半数为通过。重要事项提交团支部团员大会决定前，一般应当经团支部委员会会议讨论。

第十三条　团员人数较多的团支部，按照便于组织开展活动的原则，应当划分若干团小组，并设立团小组组长。团小组组长由团支部指定，也可以由所在团小组团员推荐产生。团小组主要落实团支部工作要求，完成团支部安排的任务。团小组会可以根据工作需要随时召开。

第十四条　团支部团员大会、团支部委员会会议应当由团支部书记召集并主持。团支部书记不能参加会议的，可以委托团支部副书记或团支部委员召集并主持。团小组会由团小组组长召集并主持。

第五章　组织生活

第十五条　团支部应当严格执行团的组织生活制度，经常、认真、严肃地开展批评和自我批评，按照增强政治性、时代性、原则性、战斗性的要求，加强和规范团内政治生活，不断推进组织生活内容和方式创新。

团支部每年至少召开1次组织生活会，组织生活会一般以团支部团员大会、团支部委员会会议或者团小组会形式召开。

第十六条　团支部应当组织团员按期参加团员大会、团小组会和上团课，按期开展团员教育评议和团员年度团籍注册，定期召开团支部委员会会议。

"三会两制一课"应当突出思想政治要求，切实提高组织生活质量，注重创新方式方法，做到形式多样、严肃活泼。

团课应当针对团员思想和学习、工作实际，采用相对灵活的方式，增强吸引力、感染力。应当定期为团员讲团课，团委主要负责人每年至少要为团员青年讲1次团课。除团支部的团员和入团积极分子外，团课可以扩大至积极分子，向本团支部靠拢的青年。入团积极分子被确定为发展对象之前参加集中团课学习应当不少于8个学时。

团支部结合重点工作一般每月开展1次主题团日。主题团日开展前，团支部应当认真研究确定主题和内容；开展后，应当抓好议定事项的组织落实。

第十七条　团员教育评议工作应当与团员年度团籍注册工作相结合，一般每年进行1次。教育评议的对象为全体团员。保留团籍的青年党员可以不参加团员教育评议和年度团籍注册，自愿参加者不限。

团员教育评议按照个人自评、团员互评、测评投票、团支部建议评议等次、报上级团委批准的程序，对团员的表现和作用发挥情况作出综合评价。

开展团员教育评议工作一般应当召开团支部团员大会，团员人数较多的团支部，可以先由各团小组会议开展评议并提出初步评议意见后，提交团支部团员大会研究确定。

第十八条　团员年度团籍注册一般应当在每年1月份，以团支部为单位开展。学校团支部一般应当在秋季开学后1个月内完成团员注册工作。团员年度团籍注册应当根据团员评议结果，给予注册、暂缓注册或不予注册。

年度团籍注册后，团支部应当在1个月内，更新"智慧团建"系统中团支部、团员的相关信息。

第十九条　团支部应当经常开展谈心谈话。团支部委员之间、团支部委员和团员之间、团员和团员之间，每年谈心谈话一般不少于1次。谈心谈话应当坦诚相见、交流思想、交换意见、帮助提高。

团支部应当注重分析团员思想状况和心理状态。对家庭发生重大变故和出现特殊困难、身心健康存在突出问题等情况的团员，团支部书记应当帮助做好心理疏导；对受到处分处置以及有不良反映的团员，团支部书记应当有针对性地做好思想政治工作。

第六章　团支部委员会建设

第二十条　有团员7人以上的团支部，应当设立团支部委员会。团支部委员会由3至5人组成，一般不超过7人。

团支部委员会设书记，可以设副书记和组织委员、宣传委员等若干委员。

团员人数不足7人的团支部，设1名书记，必要时可以设副书记。

第二十一条　团支部委员会每届任期1年。

团支部召开团员大会选举，应当事先向所在党支部和学校请示，并取得批准；团支部委员会由团支部团员大会选举产生。团支部书记、副书记一般由团员大会从新当选的委员会委员中选举产生，人数较多的支部也可由团支部委员会选举产生，不设委员会的团支部书记、副书记由团员大会选举产生。

团支部委员会的选举结果须报所在党支部和学校团委批准。团支部书记、副书记、委员出现空缺，应当及时进行补选。确有必要时，经所在党支部和学校团委共同研究，可以指派团支部负责人。

建立健全团支部按期换届提醒督促机制。根据团组织隶属关系和团干部协管权限，系（部）团总支对任期届满的团支部，一般提前3个月提醒做好换届准备。对需要延期或者提前换届的，所在党支部和学校团委应当认真审核把关，延长或者提前期限一般不超过6个月。

第二十二条　团支部书记负责团支部全面工作，督促团支部其他委员履行职责、发挥作用，抓好团支部委员会自身建设，向团支部委员会、团支部团员大会和所在党支部、上级团委报告工作。

团支部副书记协助团支部书记开展工作。团支部其他委员按照职责分工开展工作。

第二十三条 团支部书记应当具备良好的政治素质，热爱团的工作，具有一定的组织协调能力和群众工作本领，敢于担当、乐于奉献，带头发挥先锋模范作用，在团员和青年中有较高威信。

第二十四条 学校团委应当定期对团支部书记、副书记和其他委员进行培训。

团支部书记培训纳入团干部教育培训规划，对新任团支部书记应当进行任职培训。对团支部书记、副书记和其他委员的培训应当突出政治培训、思想教育及基础团务、团内纪律规定等内容，加强培训课程的科学化、标准化、信息化建设，不断提高培训的针对性和实效性，注重发挥优秀团干部传帮带作用。

第二十五条 培养树立基层团干部先进典型，对工作有显著成绩的团支部书记及委员给予表彰表扬。

第二十六条 团支部委员会成员应当自觉接受所在党支部、学校团委和团员、青年的监督，加强互相监督。团支部书记每年应当向所在党支部、学校团委和团支部团员大会述职，接受评议考核，考核结果作为评先评优等重要依据。

第二十七条 建立整顿软弱涣散团支部工作长效机制。对不适宜担任团支部书记、副书记和委员职务的，学校团委应当与其所在党支部协商，及时作出调整。

第七章　领导和保障

第二十八条 学校团委应当把团支部建设作为最重要的基本建设，定期研究讨论、加强领导指导，切实履行主体责任，每学期至少专题研究1次团支部建设工作。

团委书记应当结合落实密切联系青年机制，带头建立团支部工作联系点，带头开展调查研究，发现和解决问题，总结推广经验。

第二十九条 学校团委应当经常对团支部建设情况进行分析研判，加强分类指导和督促检查，增加先进团支部，提升中间团支部，整顿后进团支部，创新发展新型团支部，加强团支部标准化、规范化建设。

第三十条 抓团支部建设情况应当列入学校团委书记年度工作述职评议考核的重要内容，作为评判其履职情况的重要依据。对抓团支部建设不力、各项工作不落实的，上级团委应当进行约谈。对团支部建设出现严重问题，团员和青年反映强烈的，应当按照规定严肃问责。

第三十一条　应当积极推动党建带团建机制落实，为团支部开展工作提供必要条件和经费保障。

第八章　附　则

第三十二条　本办法自发布之日起实施。

第三十三条　本办法实施后，原有团支部工作制度废止，与之有抵触的规定一律以本办法为准。

第三十四条　本办法由共青团北京市商业学校委员会负责解释。

推优入党实施办法

第一章　总　则

第一条　推荐优秀共青团员作党的发展对象（以下简称"推优"），是党赋予共青团组织的一项光荣任务。为保持和增强共青团的政治性、先进性、群众性，进一步规范和加强共青团"推优"工作，有效提升青年党员质量，根据《中国共产党章程》《中国共产主义青年团章程》《中共中央组织部、共青团中央关于进一步做好推荐优秀团员作党的发展对象工作的意见》《中共中央组织部关于进一步加强在青年中发展党员工作的意见》《中国共产党发展党员工作细则》《共青团推优工作实施办法（试行）》及《北京市商业学校发展党员工作细则》的有关规定，结合学校工作实际，特制定本办法。

第二条　"推优"工作在学校党委的统一领导下进行。团组织既可推荐团员中的入党积极分子成为党的发展对象，也可推荐团员中的入党申请人成为入党积极分子。基层团组织应不断加强自身建设，夯实"推优"工作基础。基层团干部应加强学习，掌握发展党员工作的方针和要求，规范"推优"程序，强化培养过程，提高"推优"能力。

第三条　团的基层组织应当把"推优"作为一项经常性重要工作。认真落实"28周岁以下青年入党，一般应从团员中发展；发展团员入党一般应经过团组织推荐。使'推优'工作逐步成为党组织发展青年党员的主要渠道，使共青团员成为党组织发展青年党员的主要来源"的要求。

第二章 推荐对象和推荐条件

第四条 凡年龄在18周岁以上、28周岁以下，递交入党申请书，经过培养教育，基本具备或接近党员条件的优秀团员，承认党的纲领和章程，愿意参加党组织并在其中积极工作、执行党的决议和按期交纳党费的，优先由团组织推荐加入中国共产党。

第五条 推荐对象应有1年以上的团龄。"推优"的比例一般不超过团支部团员人数的20%，可根据年度工作计划确定。每次推荐有效期为2年。

第六条 团组织向党组织推荐发展对象，原则上应当是团员中的入党积极分子，应坚持党章规定的党员基本条件，真正把团员中的先进分子推荐给党组织。

第七条 "推优"对象应具备以下基本条件：

1. 政治思想上先进。坚持以马克思列宁主义、毛泽东思想、邓小平理论、"三个代表"重要思想、科学发展观、习近平新时代中国特色社会主义思想为指导。坚决维护习近平总书记党中央的核心、全党的核心地位，坚决维护党中央权威和集中统一领导，在思想上、政治上、行动上同党中央保持高度一致。高扬理想信念旗帜，坚定共产主义远大理想和中国特色社会主义共同理想，坚决拥护党的领导，坚定中国特色社会主义道路自信、理论自信、制度自信、文化自信，坚定对党的政治认同、思想认同、情感认同。热爱祖国、热爱人民、热爱社会主义。旗帜鲜明反对和抵制违背党中央精神的错误言行，积极弘扬主旋律、传播正能量，坚持传播党的政策主张，主动面向身边青年开展思想引领工作。

2. 道德品行上先进。积极践行社会主义核心价值观，自觉弘扬爱国主义、集体主义、社会主义精神，积极传承中华优秀传统文化、革命文化、社会主义先进文化，带头倡导良好社会风气。积极锤炼高尚品格，倡导社会公德、职业道德、家庭美德。积极参加社会志愿服务，能够发挥学生党员的先锋模范作用，团结同学，热心帮助他人。

3. 发挥作用上先进。励志勤学、敏于求知、增长才干，不断提升社会经济发展对职教人才知识、能力、素质等方面的要求，做到德智体美劳全面发展。具有探索真知、求真务实的态度，积极参加团组织的活动，对团组织交给的工作认真负责，积极为团组织工作出谋划策，在团员青年中能起到表率作用。

4. 执行纪律上先进。积极向共产党员标准看齐，自觉遵守国家法律法规，坚决贯彻依法治国基本方略，在遵法学法守法用法中作表率。模范遵守团章团纪，认真执行团的决议，自觉履行团员义务，积极参加团的组织生活和团的活动。

第八条 对马克思主义缺乏信仰、不具有共产主义觉悟的；在重大政治斗争中立场不坚定、态度不坚决的；传播反党反社会主义言论的；不能严格遵守国家法律规定、存在违法违纪行为的；受过学校各级行政处分的；团校党课学习未结业的，不得列为"推优"对象。

第九条 各团支部应当在系部党组织的领导下，加强团员的日常教育，加强政治理论教育，突出党的创新理论学习，组织学习党的基本理论、基本路线、基本方略，学习马克思主义基本原理和党的基本知识，开展党的历史和优良传统、作风教育以及社会主义核心价值观教育，帮助团员懂得党的性质、纲领、宗旨、组织原则和纪律，懂得党员的义务和权利，端正入党动机，树立为共产主义事业奋斗终身的信念。

第十条 建立党、团组织联合培养、教育入党积极分子工作机制。各团支部应配合各系党组织做好入党积极分子的教育培训工作，协助开展每半年一次的考察，针对存在的问题向党组织提出意见建议；对经过1年以上培养教育和考察、基本具备党员条件的入党积极分子，应在党组织的领导下，在广泛听取意见的基础上，由"推优"大会产生党的发展对象推荐人选。

第十一条 加大对"青年马克思主义者培养工程"（以下简称"青马工程"）学员的培养力度，积极推荐优秀"青马工程"学员作党的发展对象。"青马工程"学员为入党积极分子的，培养期间参加的理论学习、社会实践等课程应当记入入党积极分子的考察材料中。

第十二条 推优对象的优先考虑条件：
1. 获得市级或市级以上奖学金者；
2. 获得校级或校级以上年度"优秀学生""优秀学生干部""优秀团员""优秀团干部"等荣誉称号者；
3. 积极参加学术科研活动，在相关刊物上发表学术论文者；
4. 积极投身校园文化活动，获得校级或校级以上奖励者；
5. 积极参加青年志愿服务和社会公益活动表现突出者；
6. 任校、系、年级、班级担任学生干部，工作表现突出者。

第三章 "推优"工作程序

第十三条 基层团组织应根据有关规定，依据党组织年度发展党员工作计划，确定年度"推优"工作计划。

第十四条 团支部提出召开"推优"大会申请，经上级团组织批准同意后，由团支部书记主持召开。上级团组织负责"推优"工作的监督考核，确保"推优"工作标准严格、流程规范。

第十五条 "推优"大会的流程是：

1. 清点参加"推优"大会的团员人数，须有半数以上有表决权的团员到会方可进行。

2. 团支部委员会介绍符合"推优"条件的候选人情况，候选人的产生应遵循各地开展的积分评议、志愿服务等团员评优机制。

3. 候选人从思想政治、道德品行、作用发挥、执行纪律等方面进行自我评述，重点介绍入党动机和接受培养教育的体会认识。

4. 参会人员通过无记名投票的方式进行民主评议，赞成人数超过应到会有表决权团员的半数以上的候选人，进入考察环节。

5. 团支部委员会对推选出的候选人进行考察，结合平时掌握的情况，提出组织意见，形成书面材料。

6. "推优"大会结束后，团支部应指导推荐对象填写《共青团北京市商业学校委员会"推优"对象审批表》（以下简称《"推优"对象审批表》），团支部书记负责填写推荐对象现实表现情况和支部大会表决决议（填写在"团支部鉴定"一栏），并在"推优"大会结束后三个工作日内将《"推优"对象审批表》、推优大会会议记录复印件报送团总支。

7. "推优"情况在一定范围内进行公示，公示期一般不少于5个工作日，公示期内如有异议可向上级团组织反映。

第十六条 公示无异议后将有关材料报上级团组织审核。

第十七条 上级团组织审核团支部推荐意见和相关材料，对被推荐对象进行进一步考察。对符合条件的，汇总"推优"情况说明以及考察材料等向党支部推荐。

第十八条 经基层党组织预审合格的发展对象，上级团组织应当在1个月内向基层团支部通报传达。

第四章 其他

第十九条 各级团组织应当主动争取党组织的关心和支持，加强推优入党工作的谋划、统筹和指导，每年年底向上级团组织和本级党组织报告"推优"工作情况。

第二十条 在"推优"工作过程中，严禁亲亲疏疏、徇私舞弊、弄虚作假。对于出现违反纪律的团员，取消其"推优"资格并对相关责任人进行批评教育和帮助，情节严重的，给予纪律处分。

第二十一条 推荐团员中的入党申请人成为入党积极分子，参照本办法执行。

第二十二条 本办法自发布之日起实施。

第二十三条 本办法实施后，原有推优入党实施办法废止，与之有抵触的规定一律以本办法为准。

第二十四条 本办法由共青团北京市商业学校委员会负责解释。

共青团评优评先实施办法

第一章 总则

第一条 为进一步发挥共青团工作在人才培养中的作用，进一步加强新时代团员队伍建设，坚持全面从严治团，发挥榜样的模范带头作用，扎实推进共青团改革，落实习近平总书记关于青少年和共青团工作的重要论述精神，提高共青团工作水平，加强团的建设，表彰先进，树立典型，促进工作，激励广大团员青年勤奋学习，勇于实践，奋发进取，全面发展，推动团员评优、评先可量化、可评估、可检验，与时俱进加强新时代团员先进性建设，依据《新时代共青团员先进性评价指导大纲（试行）》，特制定本办法。

第二条 共青团奖励坚持精神鼓励和物质奖励相结合、以精神奖励为主的原则。应当严格程序、规范管理，遵循公平、公正、公开的原则，校级及以上的学生奖励应实行公示、备案和监督制度。

第二章 奖励种类

第三条 设立以下共青团奖励
（一）集体奖项：
1. 优秀团总支
2. 优秀团支部
（二）个人奖项：
1. 优秀团干部
2. 优秀共青团员

第三章　评选范围

第四条　优秀团总支评选说明

1. 评选范围：各系团总支。
2. 评选标准：依据基层团组织建设、校园文化活动参与、社团工作、志愿服务与社会实践等方面实际情况进行评定。

第五条　优秀团支部评选说明

1. 评选范围：各学生团支部，包括支部建在班级的团支部及联合团支部。
2. 评选比例："优秀团支部"数不超过全校团支部总数的20%。

第六条　优秀共青团干部评选说明

1. 评选范围：具有我校正式学籍的学生团干部（含校、系、班三级）。
2. 评选比例：优秀团干部数不超过学生团员总数的20%。

第七条　优秀共青团员评选说明

1. 评选范围：具有我校正式学籍的学生共青团员。
2. 评选比例：优秀团员数不超过学生团员总数的20%。

第四章　评选条件

第八条　优秀团支部（总支）评选条件

1. 政治能力好。组织团员青年认真学习贯彻习近平新时代中国特色社会主义思想和党的十九大精神，增强"四个意识"，做到"两个维护"。加强对团员的理想信念和国情教育，引导团员坚定"四个自信"。

2. 组织基础好。切实把思想和行动统一到习近平总书记重要指示精神和党中央决策部署上，认真担负教育团员、管理团员、监督团员和引领凝聚青年、组织动员青年、联系服务青年的基本职责。组织设置规范，工作制度健全，按期换届，认真履行民主选举程序。认真规范做好发展团员、"三会两制一课"、团费收缴等工作。积极开展团支部"对标定级"工作，团支部工作有活力。积极开展基层团建创新探索。团支部及所属团员、团干部的基本信息均已录入北京共青团线上系统。

3. 班子建设好。团支部委员会成员政治好、工作能力较强，认真落实学校团委的各项工作要求，扎实有效地开展团的工作，在团员青年中有较高的认同度。

4. 作用发挥好。围绕青年成长成才需要，密切联系青年，开展丰富多彩的团内活动，不断增强团支部在团员青年中的吸引力和凝聚力。响应学校团委号召，积极组织参加各项活动，积极带领团员青年创先争优。在出色完成上级团组织布置任务的基础上，结合本支部的实际，积极、主动、创造性地开展工作，成绩突出。

5. 其他。成立时间应当 1 年以上，且在"对标定级"评定中获 5 星级的团支部具备参评资格；扎实开展"青年大学习"活动，支部内所有团员在"志愿北京"中注册为志愿者，个人每年累计志愿服务时长不低于 20 小时，未完成各项任务的团支部不予评定。

第九条　优秀共青团员评选条件

1. 理想信念坚定。认真学习贯彻习近平新时代中国特色社会主义思想，深入落实习近平总书记关于青年工作的重要思想，严格遵守政治纪律和政治规矩，增强"四个意识"、坚定"四个自信"、做到"两个维护"。坚定共产主义远大理想和中国特色社会主义共同理想，热爱党、热爱祖国、热爱社会主义，具有强烈的家国情怀。

2. 道德品行优秀。模范践行社会主义核心价值观，带头倡导良好社会风尚，遵纪守法，品格高尚，作风正派。积极传播正能量，是网络文明志愿者，参与构建清朗网络空间。成为注册志愿者，且经常参加志愿服务，年度志愿服务时长不少于 20 小时。

3. 模范作用突出。热爱所学专业，学习刻苦，本年度每学期总评成绩平均在 75 分以上（含 75 分），且无不及格，职业素养学分高于同一专业的平均分。

4. 遵规守纪自觉。遵守国家法律法规，遵守团的章程，模范履行团员义务，按要求参加"三会两制一课"，积极参加团的各项活动，没有违规违纪行为，年度团员教育评议中荣获"优秀"等次。

5. 其他。连续担任本职位 1 年或以上，且按要求完成年度"青年大学习"的相关任务；关注北京商校职业教育、北京市商业学校团委官方微信公众号，第一时间学习并转发公众号文章；

第十条　优秀共青团干部评选

1. 理想信念坚定。认真学习贯彻习近平新时代中国特色社会主义思想，深入落实习近平总书记关于青年工作的重要思想，严格遵守政治纪律和政治规矩，增强"四个意识"、坚定"四个自信"、做到"两个维护"。坚定共产主义远大理想和中国特色社会主义共同理想，热爱党、热爱祖国、热爱社会主义，具有强烈的家国情怀。

2. 心系广大青年。密切联系青年，积极主动地在青年中开展工作，对青年开展有效服务和引导工作，在青年中具有较高威信。

3. 工作能力过硬。热爱团的工作，认真执行党的指示和团的决议，积极探索创新，在团的岗位上取得突出成绩。认真组织开展团组织的各项活动，团员教育评议优秀。

4. 敢于担当作为。切实把思想和行动统一到党中央决策部署上，带头响应党的号召，坚决服从组织分配的工作任务，在志愿服务、社区报到、关爱服务等项目中发挥积极作用，率先垂范，表现突出。

5. 工作作风优良。自觉加强党性锻炼、提升党性修养，对党忠诚。带头践行"三严三实"要求，认真参加"不忘初心、牢记使命"主题教育，求真务实，克己奉公，廉洁自律。模范践行社会主义核心价值观，遵纪守法，品格高尚。

6. 圆满完成任务。所在团组织完成团支部"对标定级"、团员回社区报到、团员成为注册志愿者等年度重点工作任务，积极推动、参与区域化团建工作。个人每年累计志愿服务时长不低于 20 小时，年度团员教育评议中荣获"优秀"等次。

7. 热爱所学专业，学习成绩优秀，本每学期期末总评成绩平均在 80 分以上（含 80 分），且无不及格，职业素养学分高于同年级同专业的平均分。

8. 其他。连续担任本职位 1 年或以上，且按要求完成年度"青年大学习"的相关任务；关注北京商校职业教育、北京市商业学校团委官方微信公众号，第一时间学习并转发公众号文章；

第五章　评选程序

第十一条　优秀团总支评选程序

1. 各参评团总支依据学校年度评选通知向团委提交书面申报材料。

2. 由学校团委牵头成立评审委员会进行审核评定，并将相关书面申报材料留存备案。

第十二条　优秀团支部评选程序

1. 各参评支部依据学校年度评选通知，向所在团总支提交书面申请材料。

2. 团总支参照评选标准，对申请的支部进行考核审查。

3. 各团总支将"优秀团支部"推荐对象报学校团委审批。

4. 由学校团委牵头成立评审委员会进行，审核评定，并将相关书面申请材料留存备案。

第十三条　优秀团干部评选程序

1. 团支部通过民主评议确定本支部推荐人选，并经班主任签字确认后，将书面申报材料报所属团总支。

2. 经各团总支初评并公示，公示时间一般为 3 天，学生对初选结果如有异议，可向团总支提出，各团总支对同学反映的问题要认真调查、核实和处理。

3. 各团总支将公示后的推荐人选名单及书面申请材料报学校团委审查。

4. 由学校团委牵头成立评审委员会进行审核评定，并将相关书面申报材料留存备案。

第十四条　优秀共青团员评选程序

1. 团支部通过民主评议确定本支部推荐人选，并经班主任签字确认后将书面申报材料报所属团总支。

2. 经各团总支初评并公示，公示时间一般为 3 天，学生对初选结果如有异议，可向团总支提出，各团总支对同学反映的问题要认真调查、核实和处理。

3. 各团总支将公示后的推荐人选名单及书面申报材料报学校团委考核审查。

4. 由学校团委牵头成立评审委员会进行审核评定，并将相关书面申报材料留存备案。

第六章　表　彰

第十五条　表彰方式

1. 授予荣誉称号，颁发证书。

2. 参照《北京市商业学校学生多元奖励实施细则》颁发奖金或等额奖品。

第十六条　表彰时间

评出的以上奖项在每年"五·四"前后共青团"创先争优"表彰大会上进行统一表彰。

第七章　附　则

第十七条　本办法自发布之日起实施。

第十八条　本办法实施后，原有北京市商业学校共青团评优评先办法废止，与之有抵触的规定一律以本办法为准。

第十九条　本办法由共青团北京市商业学校委员会负责解释。